奈良桂樹
NKコンサルティング代表取締役

成功実例に基づいた
実践型空室対策ガイド

大家さん!! あなたのアパートはもっと稼げます

～お荷物不動産に年収5000万円を稼がせる方法～

JN128546

みらいパブリッシング

はじめに

私の人生を変えてくれた不動産の世界

不動産のことで困っている人を助けたい。

家を借りる人、貸す人、売る人、買う人、みんなが笑顔になれる仕事をしたい。

そんな思いを抱いて不動産業界に飛び込んでから、早いもので30年近い月日がたちました。思い返せば、漠然と思い描いていた夢を実現するため、休む間もなく汗水流して走り続けてきたように思います。

おかげさまで、今では多くの大家さん、入居者さん、地主さんから、「ありがとう」の声を頂けるようになりました。

リーマンショック後の２００８年に、私は18年勤めた財閥系不動産会社を辞め、ＮＫコンサルティングという会社を千葉県市川市で開業しました。

当社の企業理念は、すごくシンプルです。

「すべてのお客様が満足するよう最大限努力する」

「常に社員・家族・取引先・お客様が幸せになることを第一に考え、行動する」

開業時から今までこの理念を徹底的に守りぬいてきました。

10年前、開業してまず実感したのは、空室問題に悩む大家さんやそのご家族からの相談が多いことでした。

なぜ、それほど空室問題が深刻化しているのか。

原因として考えられるのは、人口が減少する一方で、新しいアパート・マンションが建設され続けて住宅供給過剰になっていることです。また、間違った空室対策をしているマンション・アパートオーナー（これからは賃貸マンション・アパートオーナーを総じて「大家さん」とします）も多く、空室は深刻な社会問題となっています。人口が密集している東京でも、賃貸物件の14・5％が空室、千葉県では20・5％が空室という調査結果が出ています。つまり、不動産を持っているだけで資産価値があった土地神話の時代は、とっくの昔に終わっているのです。

むしろ、不動産がお荷物になっている大家さんやそのご家族も珍しくありませんし、そのようなケースは今後ますます増えていくでしょう。

しかし、知恵を絞って一つ一つの問題を解決すれば、老朽化したマンションや廃墟《はいきょ》のようなアパートでも、満室にすることができます。

こう断言できるのは、当社が自ら大家さんとなって、そういった物件を再生して満室経営をしているからです。実際、私がご相談を受けた空室だらけの賃貸物件は、空室対策後は入居率98パーセント以上を維持しています。

これほどの成果を出し続けることができるのは、長年、不動産業界で積み上げてきた経験、実績、人脈などさまざまな要因の相乗効果によるものだと思います。しかし一番の要因は、「人の役に立ちたい」、「お客様に喜んでほしい」という思いと不動産にかける情熱です。

読者の皆さまには笑われるかもしれませんが、私のあふれんばかりの情熱は、元プロテニス選手の松岡修造さんにも負けない自信があります。

私が、そんな情熱の塊のような人間になったのはわけがあります。

大学3年生の頃、会社経営をしていた父が亡くなり、家も財産も手放さなければいけない窮地に陥ったとき、父の親友だった弁護士さん（田邉さんというお名前でした）が銀行と交渉して助けてくれたのです。

田邉弁護士がいなければ、今の私はありません。あの体験がきっかけで、「自分もいつか人の役に立ち、人を喜ばせる仕事をしたい」と強く思うようになりました。その後、東北大学工学部を卒業した私は、専攻とは違いましたが、念願だった不動産に関わる仕事をするため、住友不動産に就職しました。そこで18年間みっちり経験と実績を積むことができたお陰で独立開業することができました。

心残りは、何一つ恩返しできないまま、親代わりとしてお世話になりっぱなしだった田邉弁護士が昨年お亡くなりになられたことです。まだまだ田邉弁護士には近づけませんが、少しでも田邉弁護士みたいに多くの方々を助けられる人間になれるよう今後も精進していくつもりです。

この本を書こうと思ったのも、困っている方に不動産の正しい知識や情報を伝えて、役立ててもらいたかったからです。特に、悩まれている方が多い空室問題について、当社がどのように解決してきたか本書ですべてお伝えしたいと思っています。

空室問題は、安易に家賃を下げたり、場当たり的なリフォームをしただけでは、効果がないどころかますます不動産の価値を下げてしまうリスクがあります。しかし、そういった実態を知らない大家さんが多いため、他人任せの空室対策で失敗するケースが後を絶たないのです。

もし読者の方に、空室だらけのお荷物不動産を抱えて悩んでいらっしゃる方がいましたら、ぜひ本書を最後までお読みになってこれからの空室対策の参考にしていただきたいと思います。

そして読者の皆さまが、10年後笑顔の大家さんになってくださったら、これほど嬉しいことはありません。

奈良桂樹

【成功実例に基づいた実践型空室対策ガイド】
大家さん!! あなたのアパートはもっと稼げます
〜お荷物不動産に年収5000万円を稼がせる方法〜

第1章

誰も教えてくれない不動産のプロがやっている空室対策……19

第2章

儲かっている大家さんと破綻する大家さんの違い……43

第3章

不動産会社との付き合い方……63

第4章

リノベーションで空室対策……81

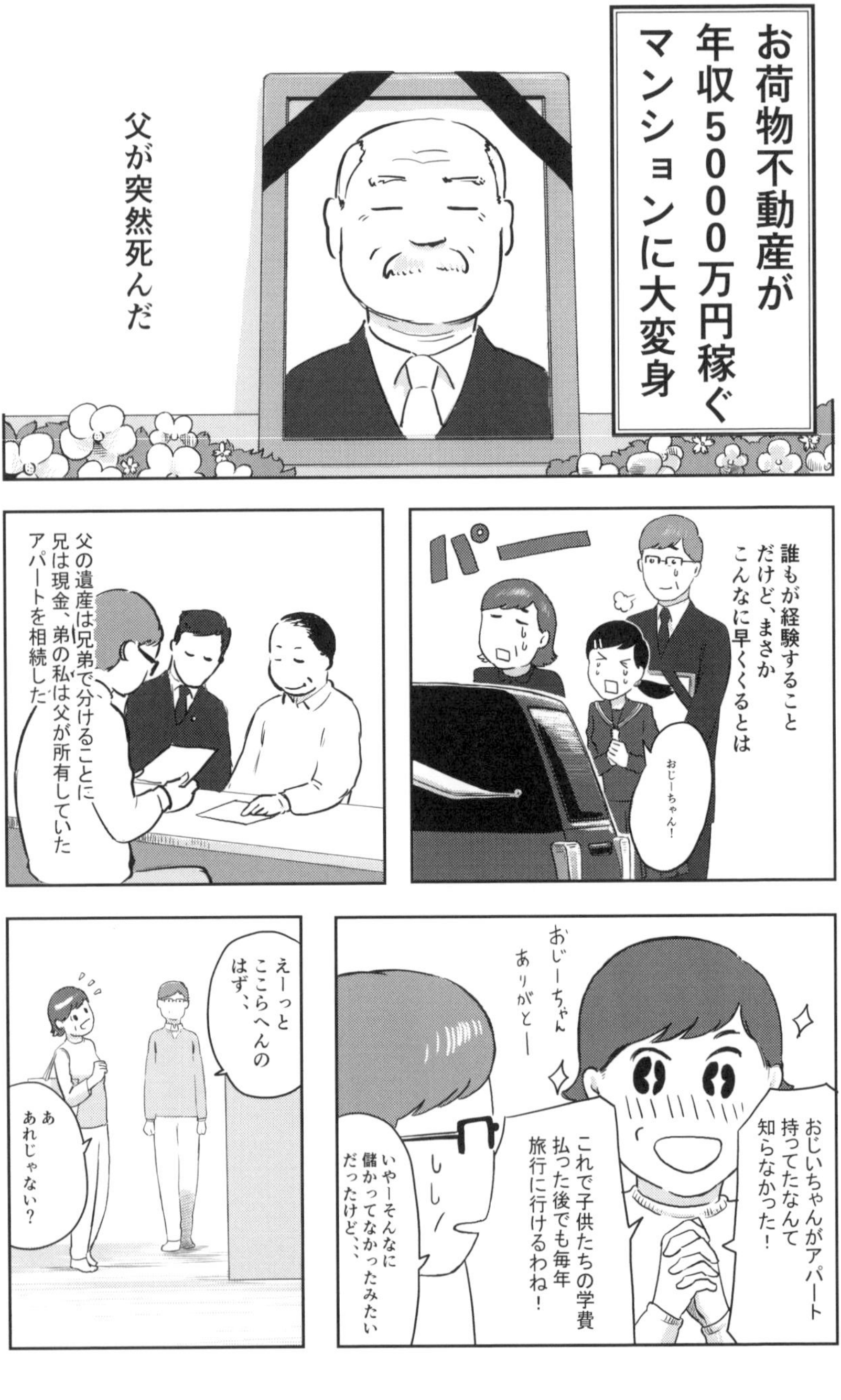

お荷物不動産が年収5000万円稼ぐマンションに大変身
父が突然死んだ
パー
誰もが経験することだけど、まさかこんなに早くくるとは
おじーちゃん!
父の遺産は兄弟で分けることに兄は現金、弟の私は父が所有していたアパートを相続した
おじーちゃんありがとー
おじいちゃんがアパート持ってたなんて知らなかった!
これで子供たちの学費払った後でも毎年旅行に行けるわね!
いやーそんなに儲かってなかったみたいだったけど、、、
えーっとここらへんのはず、、
あ あれじゃない?

あら
あら
けっこう空室
多いのね・・
まぁ
不動産会社に頼めば
すぐに満室にしてくれる
わよ

しかし
不動産会社
3社に入居募集を
依頼したが
半年経っても
一部屋も入居者が
決まらなかった
ここは賃料を
大幅に下げる
しかないですねー
はあ・・
ねえあなた
入居するどころか
退去者があとをたたず
とうとうあのアパート
赤字なんだけど！
空室増と賃料値下げで
とうとう収支が赤字に
家計簿
え！？
まあ古いアパートだからなぁ
しょうがないんじゃないか？
しょうがないじゃないわよ！
私の友達もアパート相続したけど
ちゃんと黒字だしてるって
言ってたわよ！！
何とか
してよね！！
わかったわかった
今度税理士さんに
相談してみるから
税理士
ああ
それなら
うってつけの人
いますよ

また良くない業者じゃないでしょうね
ちゃんとした人らしいから多分大丈夫だよ
こんにちはー
ようこそNKコンサルティングへ
お話は税理士さんからお聞きしています我々と一緒に空室対策を考えていきましょう
1年後お荷物不動産が年収5000万円を稼ぐアパートに大変身
その答えを本書で解説します

第1章

誰も教えてくれない
不動産のプロがやっている
空室対策

なぜ、一般的な空室対策は効果がないのか？

「はじめに」でもお伝えした通り、東京の賃貸物件の空室率は14・5％、千葉県では20・5％とかなり高い数字です。今後も人口が減少し続ける日本では空室率も年々上昇していくと予想されています。これからは何もしなければ、空室になるのは当たり前の時代です。そのため、大家さんも賃貸物件を管理している不動産会社もあの手この手で空室を埋めようと色々な対策を行っていますが、残念なことに効果的な空室対策が行われていないケースが多いのが実態です。ここでは、一般的な空室対策をご紹介します。

1. 賃料を下げる

空室対策といえるのか疑問ですが、入居者を入れるためによく行われているのが賃料の値下げです。今の賃料で入居を希望する人がいないのだから、家賃を下げるというのは誰でも思いつくことです。

しかし賃貸経営の場合、賃料の値下げは非常に危険な方法なのです。なぜなら、すでに8万円で入居している人がいるというのに、その隣の部屋の人が7万円で入居してしまったらどう思うでしょうか？　同じ条件なのに、入居時期が違うだけでなぜ1万円も家賃が安い？　と憤るのではないでしょうか。

今の時代、賃貸物件の賃料はインターネットで誰でも簡単に閲覧できます。もちろん、現在自分が住んでいるアパートの家賃もです。

すでにお住まいになっている入居者が家賃の値下げを知ったら。「うちの家賃も安くしろ！」といってくるかもしれません。それどころか、「賃料を値下げしてくれないのなら退去する」と引っ越してしまうかもしれません。そうなってしまえば、まさしく本末転倒。本来、空室対策として行った家賃の値下げが新たな空室を生み出す要因となってしまうのですから。

また家賃を下げると、生活環境が異なる人も入居するようになります。

例えば、家賃30万円以上のマンションにはどのような人たちが住むでしょうか？　上場企業の部長や会社経営者、資産家など富裕層をイメージする人が多いでしょう。

対して、家賃5万円のアパートにはどのような人が住むでしょうか？　学生やフリーターなどをイメージする人が多いと思います。

一概にはいえませんが、生活環境の相違により、問題が起きる傾向にあります。同じアパートに年収や生活習慣、生活時間帯などが違う人が入居していると、騒音問題や人間関係のトラブルなども起こりやすくなり、既存入居者にとっては〝住みにくいアパート〟というイメージが植え付けられてしまいます。こうなると大変です。最悪なケースでは大家さんはやっかいな隣人トラブルを持ち込まれ、対応にてんてこ舞いするハメになります。上手く事態を収拾できなければ、高い家賃の既存入居者に引っ越されてしまい、空室を増やすどころか、大幅な収入ダウンの原因となってしまいます。

このようなトラブルを引き起こさないためにも、安易な家賃の値下げはおすすめできません。

2. 多くの不動産会社に募集依頼をかける

一つの会社に入居者募集を任せているから、人が集まらないんだ。そう考えて、多数の不動産会社に募集依頼をかける大家さんも多いです。しかしこれも目立った成果はあげられません。そもそも人気がない賃貸物件を、たとえ多くの不動産会社の募集チラシやホームページに掲載しても状況は変わらないからです。また新たに依頼した不動産会社の営業担当はその物件のことは何も知りませんから、お客様にその物件のよさを上手く伝えるなんて、ほとんどできません。万が一、物件案内までこぎ着けたとしても、物件そのものが魅力的でなければ、決まるはずがありません。

3．リフォームする

長期間空室が続くと、大家さんは何かしらの空室対策をしなくてはと焦り、その場しのぎのリフォームをするケースが多いです。リフォームした部屋は一見よさそうに見えますが、リフォームしてもキレイになるのは一部分だけ。そこだけ見れば改善されていますが、入居者は部屋だけでなく、キッチン、風呂、トイレ、洗面台などの住宅設備や廊下・エントランスなどの共有部分もチェックします。リフォームされた部屋だけキレイでも、住宅設備や廊下・エントランス、そもそもの外観などが汚かったら、入居したいとは思わないですよね。

結局、費用をかけても、その場しのぎのリフォームは焼け石に水の対策にしかならないことが多く、抜本的な解決策にはなりにくいのです。

4. 建て替える

リフォームが効果がないのなら、いっそ建て替えてしまおう。これも大家さんによくある考えです。

しかし建て替えには多額な費用とさまざまなリスクが伴います。

まず、建て替えるためには数千万円から数億円の建築工事費が必要です。大半の方は、建築工事費を用意するために、自己資金のほかに銀行から多額の借金をする必要があります。銀行から借入をするには借入額に見合う担保を出さなくてはなりません。そのため、借入額によっては、賃貸物件だけでは足りず、自宅まで担保に入れなければならないケースもあります。また、大家さんが借入金の連帯保証をするのが慣例となっており、大家さんが高齢の場合は、息子さんも連帯保証人にならなければならないこともあります。

ここまでのリスクを負って建てた賃貸物件も、賃貸物件が供給過剰の現在では、ターミナルに近いなどの好立地ではない限り、新築だからといって必ずしも満室になる保証はどこにもありません。場合によっては、借金返済や税金を引いた手取りの賃貸収入が建て替え前よりも減ってしまうこともあります。

また、当然のことながら建て替え期間の家賃収入はゼロです。それどころか、建て替えるためには既存入居者に立ち退いてもらわなければなりません。しかし、入居者は借地借家法で守られているため、建て替えを理由に強制的に退去させることはできません。そのため、既存入居者にお願いして立ち退いてもらわなければならないのです。運よく立ち退きを承諾してもらえたとしても、移転先住居の敷金、数カ月分の家賃、仲介手数料、引っ越し費用などは大家さんが負担しなければならないケースがほとんどです。

多額の借金をし、入居者との立ち退き交渉をしなければならないので、経済的にも時間的にも余裕がなければ、建て替えをするのは難しいと考えた方がよいと思います。

では、なぜ多くの大家さんはこのような効果がない空室対策を行ってしまうのでしょうか。その理由の一つが、その場しのぎの空室対策ばかり追い求めてしまうからです。

例えば、空室に困った大家さんが、ある不動産会社に相談しに行ったとしましょう。そこで不動産会社は「家賃収入を下げれば、空室は埋まる」とアドバイスします。

確かに、家賃収入を下げれば、空室は埋まります。しかしその代わりに、既存入居者が退去したり、新たな入居者がトラブルを起こしたり、賃料を滞納したりするなどして、総額で受け取れる家賃収入が空室があったときよりも減ってしまったりするのです。

これでは、最善の空室対策とはいえません。

空室対策をする際、大切なのは全体を見ること。木ではなく森を見ることです。大家さんは賃貸物件の経営者です。だから、会社の社長と同様、経営者感覚で、空室対策を考えられるか。これが空室対策の極意になります。

変えられるものと変えられないもの、不動産は見極めが大事

空室対策をする上で、事前に知っておかなければならないことが「変えられるもの」と「変えられないもの」の違いです。多くの大家さんは「変えられるもの」と「変えられないもの」を一緒にしてしまっているから、効果的な空室対策が思いつかないのです。では、何が「変えられるもの」で、何が「変えられないもの」なのか、具体的に見ていきましょう。

☞ 変えられるもの

間取り（3DKから2LDK、3Kから1LDK、和室から洋室など）

住宅設備（キッチン、ユニットバス、洗面台、温水洗浄便座付きトイレ、テレビドア

ホンなど）
賃貸条件（敷金・礼金なし、賃料値下げ、フリーレント、家具家電付きなど）
内装（アクセントクロス、畳からフローリング、スポットライトなど）
入居者層（独身女性、共働き、ＤＩＮＫｓ、シングルマザー、車通勤者、高齢者など）
使用用途（店舗、住居兼事務所、趣味部屋、倉庫など）………など

変えられないもの

最寄駅
駅までの距離
日当たり
築年数
構造（木造、鉄骨造、ＲＣ造）
専有面積
階数（１階、２階など）
住環境（繁華街、24時間営業店舗に隣接、川沿いなど）
生活利便性（スーパー・病院・学校までの距離など）………など

変えられるもの

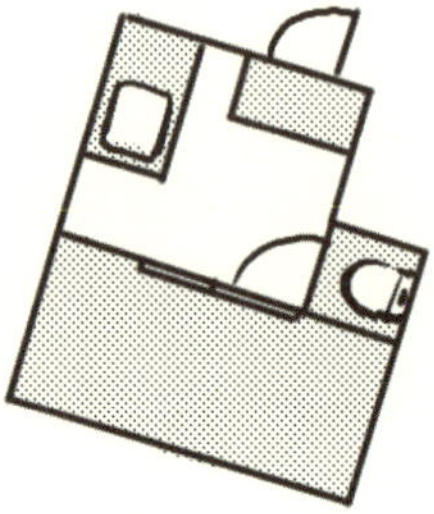

間取り

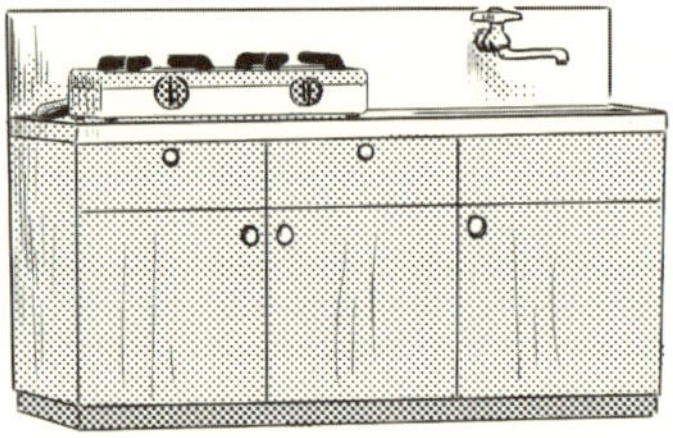

住宅設備

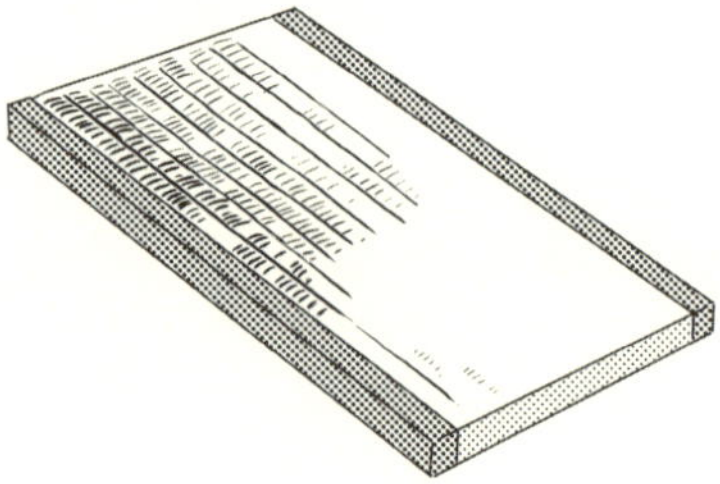

内装

変えられないもの

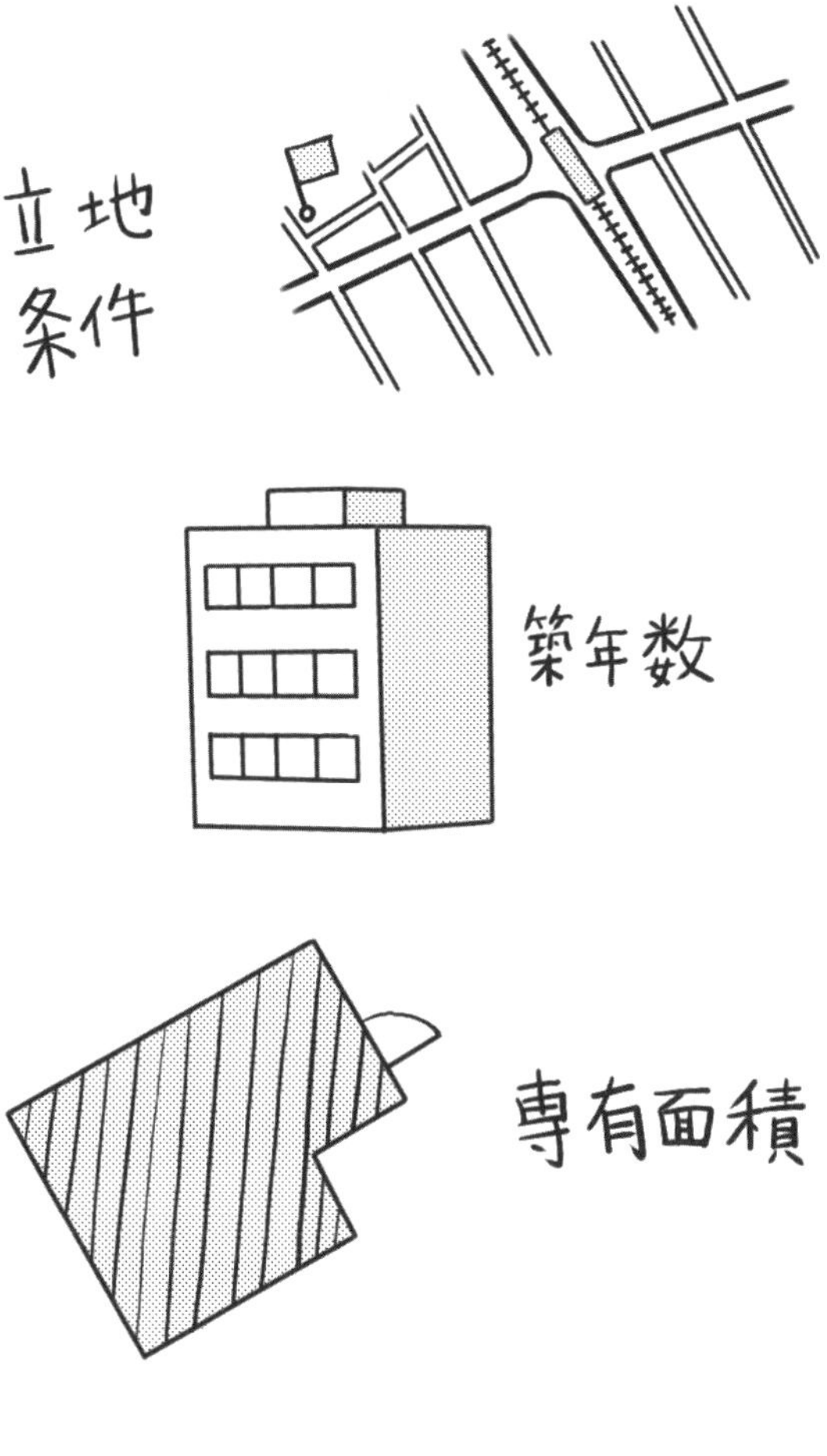

大家さんが入居者が決まらない理由として、「このアパートは南側に3階建てが建っているので日当たりが悪い。もっと日当たりがよければ、入居者はすぐに決まるのに」などといいますが、目の前にある家を壊さない限り、日当たりをよくすることはできません。変えられないものをいくら考えても意味がありませんし、時間の無駄です。日当たりが悪いことは変えられないのですから、このアパートで「変えられるもの」に目を向けて、入居者が喜ぶことを考えるしかありません。例えば、昼間働いている独身者は日中家にあまりいないので、日当たりをそこまで重視しない方が多いです。そのため、独身者が喜ぶような間取りや住宅設備に変更するのも一つの手です。

また、「スーパーが遠い」という理由で諦めてしまう大家さんがいますが、すべての人が日常的にスーパーを利用するわけではありません。週末まとめて食材を買いに行く共働き世帯もいますし、最寄駅に駅ビルがある場合には、仕事帰りのOLなどは駅ビルで買い物することも多いでしょう。そういう人たちをターゲットにすればいいのです。

駅から遠い場合は、通勤で車を利用している世帯をターゲットにして、敷地内に各世帯2台分の駐車場をつくる。そうやって、「変えられるもの」を工夫して入居者が喜ぶものに変えていけば、自然と部屋は満室になっていきます。

本書では、この「変えられるもの」を工夫して変えて、満室にした具体的な成功実例を色々とご紹介していきます。皆さまの所有するアパート・マンションでも今すぐできる事例があるかと思いますので、ぜひ参考にしてください。

人が欲しがらないものにこそ価値がある

「日当たりがいい」「駅から近い」、そんなみんなが欲しがる条件を満たしている物件でないから空室が出てしまう、と思っていませんか？

先述の通り、すべての人が日当たりのよさや駅近を求めているわけではありません。日中家にいない人は日当たりなんて気にしませんし、車で通勤している人は駅から離れていても駐車場があれば文句ありません。それどころか駅近は駐車場料金も、家賃も高いので、駅から遠い物件を探している人だっているのです。

一般的な価値観や常識に囚われて、個々のニーズを見失っては、満室になるものもならなくなってしまいます。

例えば、当社が管理している賃貸物件に、バルコニーがないものがあります。主婦の方からすると、「バルコニーがなかったらどうやって洗濯物を干すの？」と思うかもしれませんが、働いている独身女性は、日中留守にしていますので、下着や衣類などの洗濯物はバルコニーに干さず、部屋干しや乾燥機を利用する方が多いです。そこで、部屋干しできるよう室内物干し金物を天井に設置し、乾燥機付き洗濯機が設置できるような広いスペースを設けました。なぜ広いスペースが必要かというと、大型のドラム式乾燥機能付き洗濯機を置きたいからです。「単身世帯なのに、大型の洗濯機が必要？」と思う方もいるでしょう。しかし、平日帰宅が遅い単身者は、週末にまとめてすべての洗濯物を一気に終わらせたいと考えている人が意外に多いのです。だから単身世帯用の小型のものではなく、多くの衣類を一度に洗濯できる大型の洗濯機を設置できる広いスペースが欲しいのです。

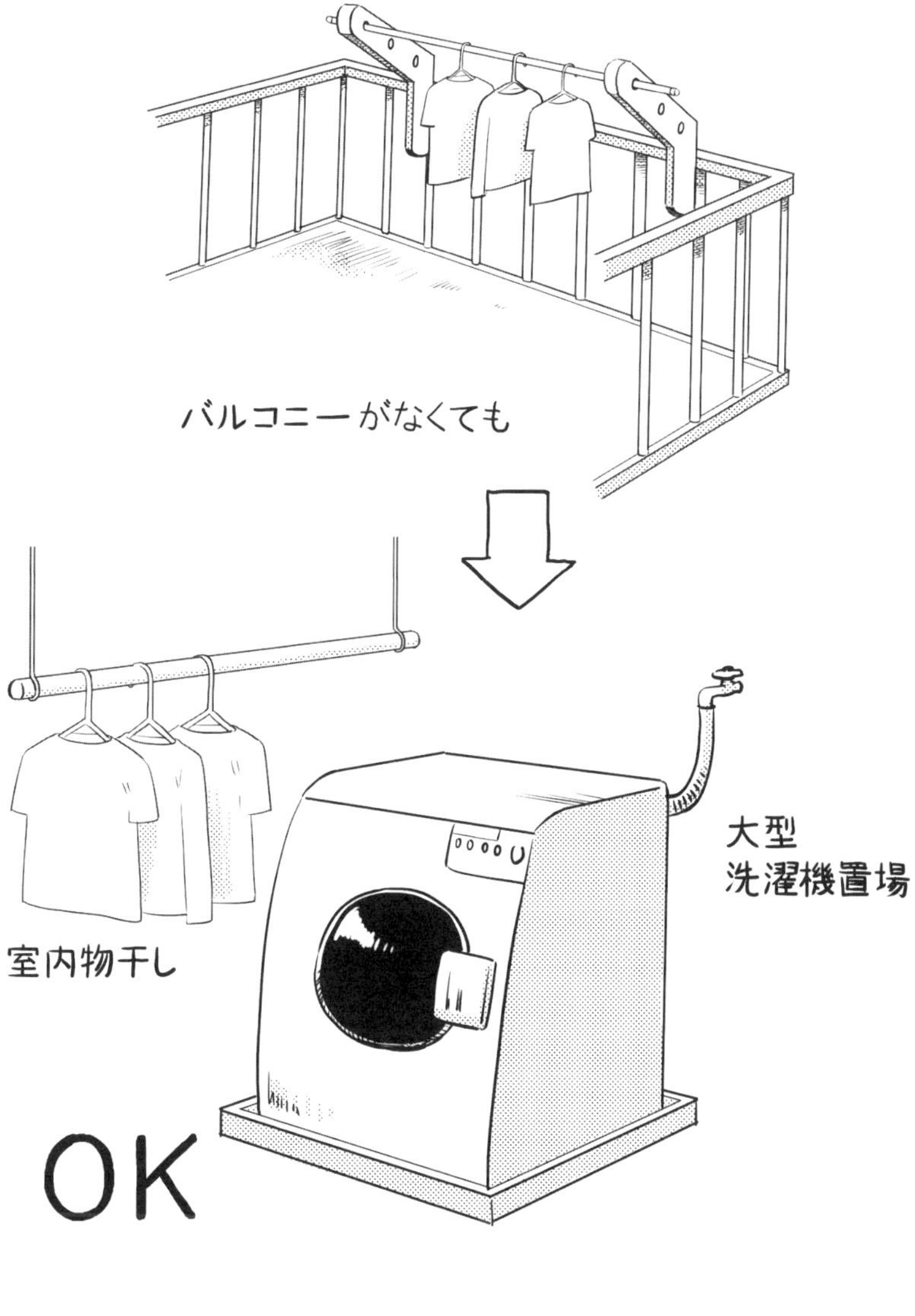
バルコニーがなくても
大型
洗濯機置場
室内物干し
OK

ほかの事例としてあげられるのが、JR線のターミナル駅から徒歩6分と好立地にもかかわらず、まったく入居者が決まらなかった元独身寮です。大手企業が賃貸物件として貸し出していたのですが、元男子独身寮ということもあり、居室内も共有部分も傷だらけで、壁やドアには拳骨や足で蹴ったような穴が空いている箇所もありました。全体的にタバコ臭く、また共有部分の電灯や手すりはさびていたり、破損したりしていて、当然ですが、借り手がまったく見つからない状況でした。

まさに誰が見ても「欲しくない」と思うような物件です。悪いことに、独身寮だったため、玄関扉が一つ。8世帯ある各部屋の扉は室内用の木製ドアでした。そのため、多くの不動産会社が扱うことを敬遠していました。

しかし駅から徒歩6分の閑静な住宅街という立地条件はとても魅力的。しかも、家賃は周辺物件から比べて格安です。

そこで、あえてネックであった独身寮の特性を活かし、割安の女性専用セキュリティ住宅に変更することを条件に当社で一棟まるごと借りることにしました。

女性が安心して暮らせる仕様に変更したことで、築18年の誰も住みたがらなかったアパートがたった1カ月で満室になりました。詳しくは第4章の成功実例でご紹介致します。

男性用独身寮から

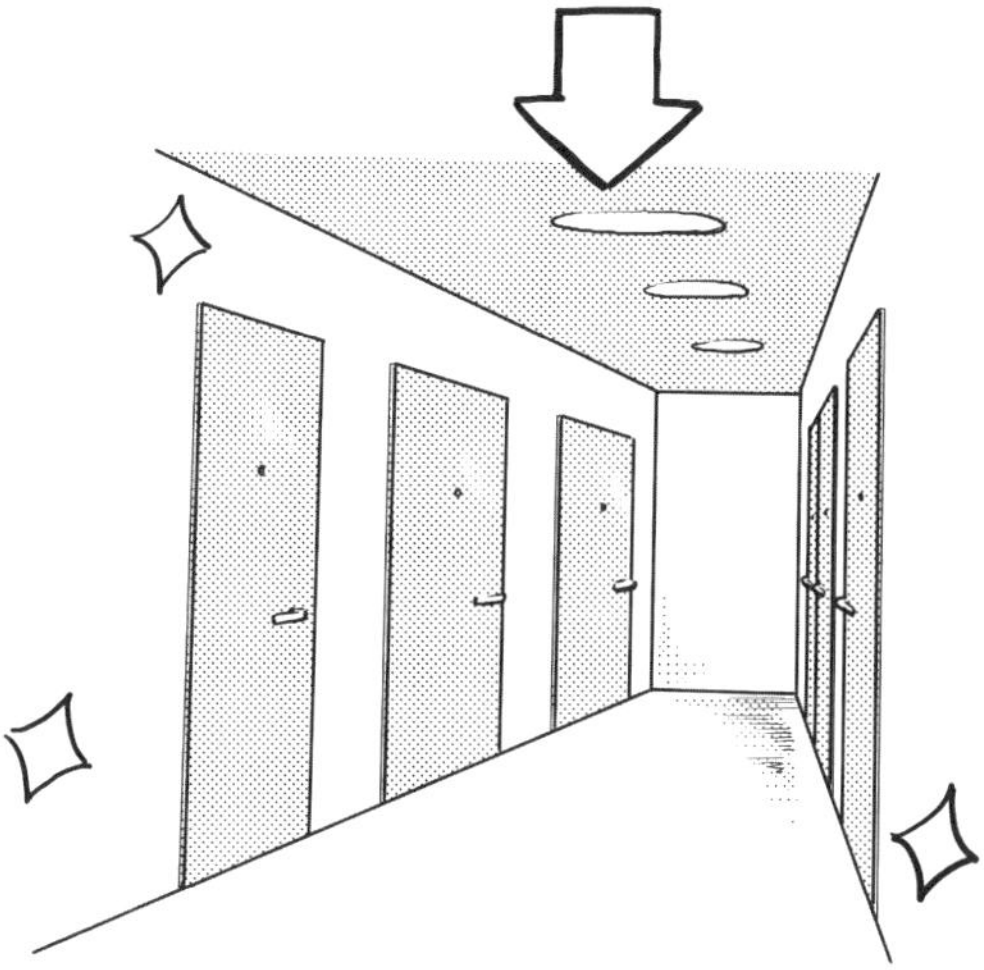

セキュリティー万全の女性専用住宅へ

・玄関扉をオートロック機能付きドアに
・各部屋の木製ドアをカラフルなスチール玄関ドアに
・すべての窓を防犯仕様に
・共有玄関で靴を脱がなくてよいように廊下・階段・玄関ホールを土足可に
・共有部の照明をＬＥＤの常夜灯に
・いつも清潔に保てるよう週２回の定期清掃

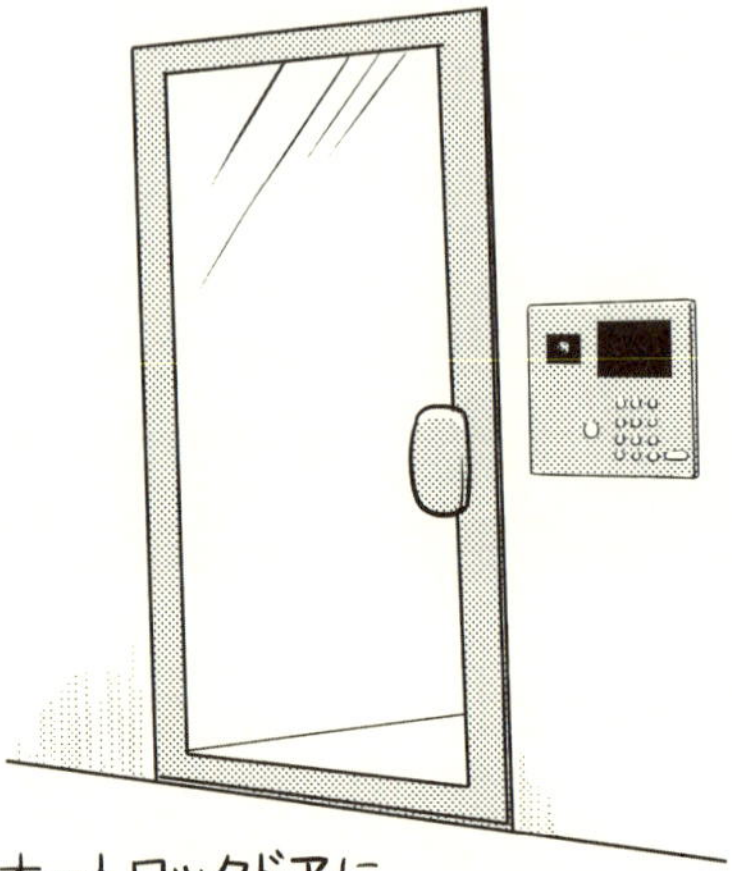

オートロックドアに

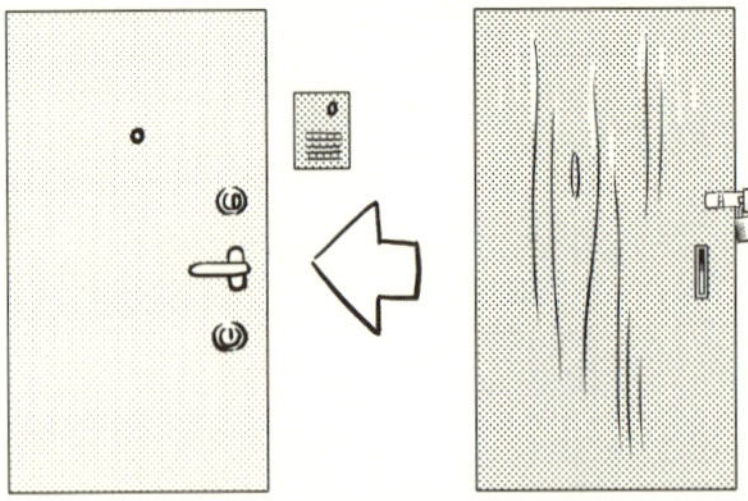

スチールドアに

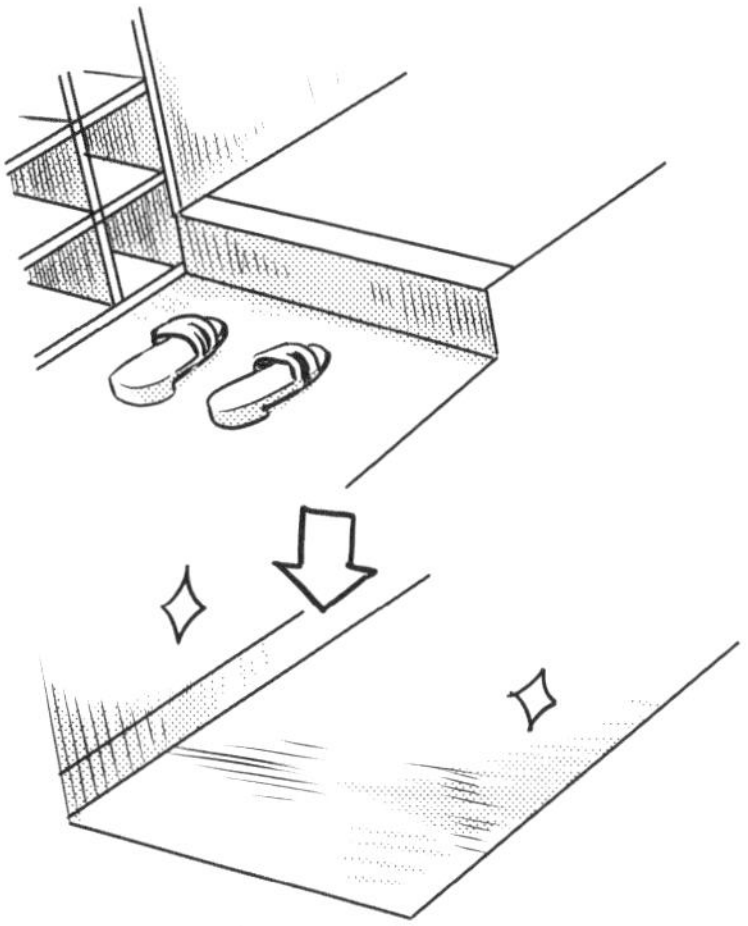

玄関や廊下を土足可に

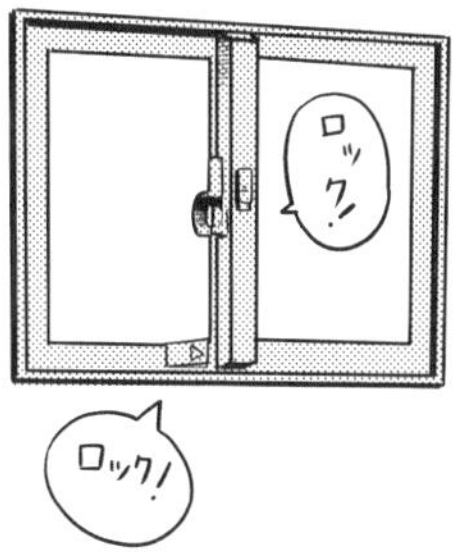

すべての窓を防犯仕様

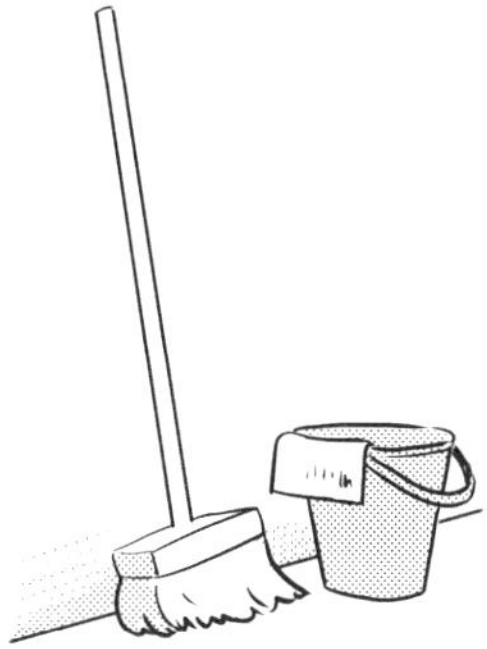

週2回の定期清掃を実施

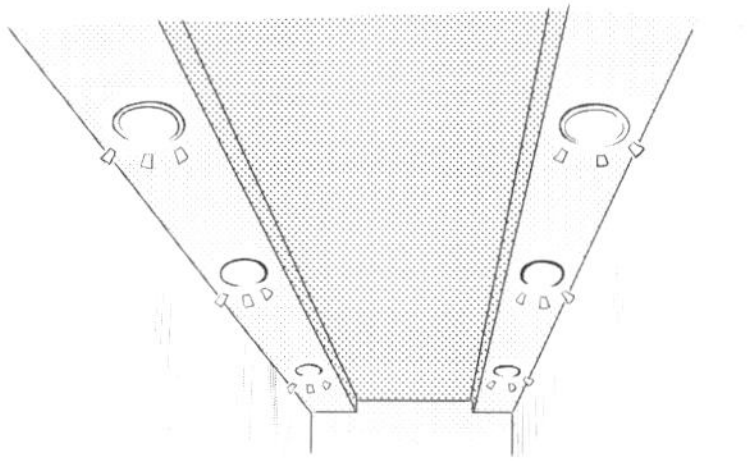

共有部分の照明は
LEDの常夜灯に

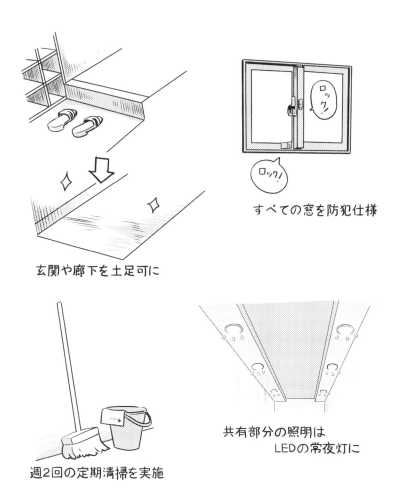

このように、現状のままではみんなが欲しがらないものを、どうすれば「欲しい！」と思われるようなものにするか。アイデアを出すことが大事です。

ただのガラクタも、芸術家の手にかかれば、アート作品へと変化し、何千万円もの価値がつくことがあります。

同じように、不動産も付加価値をつけることで、みんなが欲しがらないものが憧れの対象になるのです。

磨けば光る原石を探すコツ

さて、「人が欲しがらないものにこそ価値がある」といいましたが、だからといってすべての不動産が欲しいものに生まれ変われるわけではありません。やはり磨けば光る原石を探すのにもコツがあります。

「隠れている長所を探すことです」

先述の元独身寮もほとんどの不動産会社は物件の短所ばかり見て「欲しくない、価値がない」と判断しました。そうではなく、物件の長所を見つけて〝この長所をどう活かすか〟を考えることが大事です。

例えば、駅から遠い物件があるとします。駅から遠いから誰も入居しないと思うかもしれません。もしくは、高い家賃で貸すのは無理だろうと思うでしょう。しかし、近くに病院があったらどうですか。電車で都心に通勤・通学している人は駅近を好みますが、すでにリタイアしている高齢者は頻繁に電車を利用しませんので、駅に近くなくても不便を感じません。それよりも毎日通っている病院が近くにあるほうがよほど便利です。しかも、もしものときのために24時間体制の見守りサービスが備わっていて、食事、家事、介護、健康管理などを請け負うコンシェルジュがついているバリアフリーのマンションだったらどうでしょう。多少家賃が高くても「安心だから入居したい！」と思う富裕層の高齢者は多くいるはずです。

ほかにも、都内23区から少し離れた駅にある物件でも、オシャレなクロスを貼って、最新のモダンな設備を導入し、ホームパーティができるような間取りや内装にしたら、「わぁ、素敵！」と喜ぶ若者はいるはずです。都内でなくても「東京まで電車で30分」などと謳《うた》い、都内の家賃相場の7割程度で貸し出せば、本当は東京23区に住みたいけれどもそこまで家賃にお金をかけたくない。だけどオシャレな暮らしはしたいと考えている今どきの若い人がきっと飛びついてくれるはずです。

私は不動産も子ども同様〝長所を見る〟必要があると感じています。

これは学校の先生が勉強嫌いな子の算数や国語の成績ばかりを見て、叱ったり嘆いたりするのではなく、音楽や体育などその子の得意な分野を見つけて、褒めて育てることに似ていると思います。

駅近の新築で最新設備が導入されたマンションは誰だって入居したいと思います。しかし新築マンションも時間がたてば劣化していきます。清掃をしなければ手すりはさび、ほこりはたまり、外壁は汚れ、雑草も生えるでしょう。そうならないためにも常日頃から清掃したり、玄関に花を植えたりと、、我が子（＝所有している不動産）に愛情を持って接してください。そうしていれば、古い物件でも常に満室を保てます。

愛情たっぷりすくすくと育てられた子ども（不動産）は、きっと恩返しをしてくれることでしょう。

空室は含み益

「長所を探せ」といわれても、私の所有しているボロアパートに長所なんか一つもないという方もいるでしょう。その場合、プロの眼を借りるのも一つの手です。何の変哲もないボロアパートでもプロが見れば宝の山であることもあります。

入居者ゼロのボロボロのアパート。誰一人入居者がいないアパートなんて収入がないのに税金ばかりかかり、お荷物以外の何物でもないと思うでしょう。

しかし、入居者ゼロのボロボロアパートは当社にとってみればまさに垂涎《すいぜん》の的。喉《のど》から手が出るほど欲しい物件だったりします。

なぜなら入居者ゼロというのはまさにゼロからのスタート。リフォーム後の家賃設定も自由ですし、建て替えもすぐにできます。また、建物を解体して更地として高く売却することも可能です。売却したお金で利回りのいい優良物件を購入すれば、今よりも賃料収入は大幅にアップします。

実際に、先述の元独身寮が成功した理由の一つも、会社の独身寮であったことから既存入居者はゼロでした。だからこそ、あそこまで大胆なリノベーションができたのです。

ピンチはチャンス！　とよくいいますが、まさに空室は家賃を上げられたり、質の高い入居者を集めたりできる最大のチャンスともいえるのです。

「あ〜、空室が埋まらない」

と嘆くのではなく、

「お、空室だ。工夫次第で、家賃収入を上げることができるチャンスだ」

とぜひ前向きにとらえてください。

第2章

儲かっている大家さんと破綻する大家さんの違い

業者任せのビジネスモデルが危険な理由

ここまで既存の空室対策では、なかなか空室が埋まらない理由を説明してきました。では、なぜ多くの大家さんは、このような空室対策をしてしまうのでしょうか。その大きな理由の一つが、空室対策を〝業者任せ〟にしてしまっているからです。

大切な不動産の空室対策を業者に預けっぱなしにするのは非常に危険です。なぜなら、大家さんが賃貸経営に関心がないとわかれば、適切な空室対策よりも、自社の利益を優先した空室対策を提案する業者がいるからです。

例えば、賃貸仲介会社であれば、早く部屋を決めて仲介手数料を受け取りたいがために、安易に家賃を値下げして空室を埋めることを提案してきます。しかし安易に家賃を値下げすると、先述の通り、空室は埋まるかもしれませんが、得られる賃料収入が減ってしまったり、今までとは違う層の入居者が住んだりして、新たなトラブルに大家さんが巻き込まれることが多くなります。

またリフォーム業者は入居者ニーズを満たすリフォームより、リフォーム工事金額が大家さんの予算を超えずに、自社の利益が確保できるように、比較的簡単なトイレ、キッチン、浴室などのリフォームを提案してきます。間取りの変更など大がかりなものは簡易的なリフォームに比べて工事費がかかり、予算オーバーで工事受注ができなくなる可能性が高いため、効果的だとわかっていても提案してきません。また大家さんにとっても、入居者が決まらなくても、工事費は払わなくてはならないため、なるべく安くしたいと考えるのも無理はありません。しかし、ニーズを満たしていない簡易的なリフォームは、リフォームされた部分だけがアンバランスにキレイになってしまい、逆にリフォームされていない箇所の汚れ・古さが目立ち、入居希望者に敬遠される要因にもなってしまいます。

建築会社は、まだ使える建物でも家賃保証や相続税対策を理由に建て替えを勧めることがあります。この提案の大半が不要なことは、いわずもがなですよね。

最後に不動産会社は、どんなときでも「今が売るには一番よいときです」といって、売却の提案をすることが多いです。

このように大家さんの悩みは同じでも、相談する会社が異なると違った解決策が提案されます。だから多くの大家さんが「業者のいう通りに色々なことをやってみたけど、空室が埋まらない」と頭を抱えているのです。

賃貸仲介会社
賃料ダウン
リフォーム業者
予算内
簡易リフォーム

建築会社
建て替え
不動産会社
売却

賃貸経営には経営者感覚が必要

業者任せの空室対策は非常に危険ということを述べました。では、どうすればいいのか？　多くの大家さんの疑問でしょう。

私は実体験からまず大家さんが〝経営者感覚〟を身につけることが何よりも重要だと感じています。

誤解を恐れずにいえば、多くの大家さんは、自らの意志ではなく、相続などを機に〝棚からぼた餅〟的な感覚で賃貸物件を取得したため、銀行から多額の借金をしてやっとのことで賃貸物件を購入した方と比べると、有効活用して賃料収入を最大化したいとの思いは少ないような気がします。そのため、賃貸物件は所有しているものの、自分が〝経営者〟という意識が欠落しているように思われます。「金のなる木になってくれればいいなぁ……」ぐらいの軽い気持ちで賃貸経営を始めてしまうから、不動産会社やリフォーム会社のいいなりになってしまうのです。

まずは「金のなる木になってくれればいいなぁ……」という〝他力本願〟を捨て、経営者として本気で賃貸経営に取り組む覚悟を持って下さい。

では、具体的に何から始めればよいのでしょうか。
まずは、現在賃貸物件がどのような状況かを正確に把握することから始めましょう。賃貸状況（空室、賃料、入居者の属性、滞納の有無、更新日）、建物状況（築年数、構造、間取り、修繕履歴）、近隣競合物件の状況（空室率、賃料、供給数、築年数、間取り、設備）、借入金（残債額、返済残期間、金利）は最低限おさえておきましょう。不動産会社のいうことを鵜呑みにしないで、まず自分で賃貸物件の周辺を歩いて空室がどれだけあるかを確認したり、地元不動産会社の担当者から直接話を聞いたりと、生の状況を把握することが大事です。そこが面倒で億劫だと思う大屋さんには、賃貸経営なんてできません。

次にすべきことは賃貸経営についての勉強です。賃貸経営を行う上で知らなければならない知識は、法律から税務、建築、会計まで多岐にわたります。また、専門用語や不動産取引の慣習、契約書の見方なども覚えておく必要があります。そのためには、不動産に関する書籍も読まなければなりませんが、まずは、賃貸経営に関するセミナーに参加するのがよいと思います。初めて賃貸経営をする人を対象にしたわかりやすいセミナーもたくさんありますから、インターネットなどで探してみてください。無料のセミナーでも、充実した内容のものはたくさんあります。

そして、何よりも大事なのが実行力です。「セミナーに参加しても内容が理解できるかな」と悩んでいるよりもまずはセミナーに参加してみることです。

どれだけいいアイデアを持っていても、それを、行動に移さなければ何も改善しません。それどころか、何もしなければ、どんどん衰退していく一方です。

セミナーでこれはと思ったことは積極的に実行してみることが大事です。

世の中にあるもので100％成功すると保証できるものはありません。ほとんどのことが成功するか、しないかわからないのです。その状況下で、チャレンジした人のみが成功をつかみ取れます。

これは賃貸経営も同じです。ただ待っていればいつか土地が値上がりしてくれる。そんな土地神話は昭和の高度成長期の遺物です。これからの賃貸経営はまず大家さん自身が積極的に動かなくてはなりません。そうすることで、初めて満室経営が実現できるのです。

自分にはどれくらいの経営者感覚があるかわからないという人は、次ページの経営者感覚チェックリストであなたの経営者感覚をチェックしてみてください。

経営者感覚チェックリスト
以下、経営者感覚のチェックリストです。
あなたは何個当てはまりますか？

- □ 思いついたら、即実行する
- □ 専門家のアドバイスを素直に受け止められる
- □ 失敗よりも成功のことを先に考える
- □ 好奇心旺盛である
- □ 財務表や試算表などの数字に強い
- □ 他人からの批判はあまり気にならない
- □ 本を読んだり、勉強するのが好きだ
- □ 働くことが楽しい
- □ 情熱と熱意があれば、何でもできると信じている
- □ クレームやトラブルから逃げずに向かっていける

10個すべて当てはまった人……あなたは立派な経営者感覚を持っています。大家さんとしても成功する確率は高いです。

8～9個当てはまった人……あと一歩！　経営者の素質は十分あります。

5～7個当てはまった人……専門家のアドバイスを受けて、しっかり勉強すれば立派な大家さんになれるでしょう。

3～4個当てはまった人……経営者感覚に問題があります。賃貸経営に真剣に向かい合う覚悟が必要です。

0～2個当てはまった人……経営者への道は遠いようです。自分を根本から変える努力をしましょう。

時代は変わった！　今までの常識が失敗のもと

前ページの経営者感覚チェックリストはいかがでしたか？　「全部当てはまった！」という人もいれば「ちょっと経営者感覚が足りない……」と落ち込んでいる人もいるかもしれません。でも、そんなあなたでも大丈夫！　経営者感覚は磨けば誰でも身につくものです。

経営者感覚とは一言でいうと何か？　答えは人によって異なりますが、私は〝実行力〟だと思います。ユニクロ（株式会社ファーストリテイリング）の柳井正会長も、自著『経営者になるためのノート』（PHP研究所）で、「経営は「実行」です。考えている、思っているだけ、あるいは知識として知っているだけでは成果はあがりません。考えていること、思っていること、あるいは知識として学んだことがあれば、それを実行してはじめて、成果があがるのです。」と書かれています。

何もしない、また行動することを嫌がる大家さんが、実行しない理由としてよくあげるのが「今はその時期ではない」「もっと検討する必要がある」「十分な資金がない」「本当にそれで成功するかわからない」「失敗したらどうするんだ」など。実行しないことを正当化する発言ばかりです。しかし「絶対に成功する」という条件がすべてそろってから実行するのでは時すでに遅し。その前に、ほかの人が実行してしまっています。そもそも100％成功することなど滅多にありませんから、それを待っていても意味がありません。

また、万が一「絶対成功する」ことがあったとしても、最終的には「失敗」で終わります。なぜなら、「絶対成功する」ことは誰だってやりたがります。みんなが同じことを行えば、差別化はありません。株価と一緒で、絶対に値上がりするとみんなが思っている株を買っても儲からないですよね。

そうではなく、経営者は十分な情報がまだそろっていない時点で、リスクを冒して、決断し、実行しなくてはなりません。

だからといって、最初からとてもじゃないが成功するとは思えない無謀で無計画な建て替えなどを行うのはNG。それは経営ではなく、ギャンブルです。「当たればラッキー」という考えで、実行することはやめてください。それこそ、絶対失敗しますから。

では、どうすればリスクを取って、実行できるようになれるのでしょうか。

そのためには、「危機感を持つ」ことが不可欠です。

入居者が大家さんに礼金を払って賃貸物件を借りてくれる「古きよき時代」はとっく

に終わっています。今までの常識はもはや通用しません。今まで通りのことをやっていれば、失敗します。リスクがあっても実行しなければ、空室が増え続け、賃貸収入がマイナスに転落するという危機感を持って賃貸経営に臨むことが大切です。

当たり前ですが、人間誰でも失敗するのはイヤです。でも、失敗することばかり考えないで「これをやらなかったらどうなるのか」と考えてみてください。やらなかったとしても、問題がないことだったら、やる必要はありません。

しかし、やらなかったら致命的なことになることだったら、どんなにリスクがあっても実行するしかないのです。そもそも、やらないという選択肢はないのです。

そうはいっても、どうしても不安だという方もいるでしょう。それは人間として当然の心理。私だってしなくていい失敗はできる限り避けたいです。

失敗を極力したくない方は、専門家のアドバイス通りに実行してみるのもひとつの手です。

専門家は当然のことながら、経験・実績ともに豊富です。それはあなたがするであろうはずの失敗はすでに経験済みだからです。また、専門知識もたくさんあり、ノウハウも数多く持っています。

ただしその際、注意が必要なのが「専門家の選び方」です。

不動産に関することは、不動産の専門家に聞くのが一番！　と思う人もいるでしょう。しかし、一言に不動産の専門家といっても、色々な方がおり、それぞれ得意分野が違います。

中には自分の得意分野や大家さんが実行しやすいリスクのないことばかり提案する専門家もいます。そうではなく、その物件で本当にやらなければならないこと、やったら効果の大きいことを提案してくれる専門家を選ぶことが大切です。失敗しないためには、事前に専門家が書いた本を読んだり、セミナーに参加したりするのがよいと思います。

また不動産の業界も日々変化しています。そのため、過去の実績や経験ばかりを重視して、昔ながらの考えを固持している専門家に相談するのも考えものです。

例えば、以前は家族向けの物件といえば、郊外の緑豊かな敷地、広々としたリビング、日当たりのよい一戸建てというイメージでした。これはいってしまえば、専業主婦のお母さんが家事や育児をしやすい環境・物件が支持されていたのです。

しかし、今の時代、専業主婦は少なく、ほとんどの奥様は共働きです。その場合、求められる条件は、駅・スーパー・学校などが近くにそろっていること。特に私立の中学校に通わせたいご夫婦は、子どもが長時間の電車通学をすることを嫌がりますので、たとえ敷地が狭くても、価格が高くても、利便性を優先させます。

このように、時代によって、ターゲットは同じでも求める環境・物件は変わってきます。その変化を敏感に察知した上で、時代にあった今どきのアドバイスのできる専門家を探すことをおすすめします。

あなたもゆでガエル予備軍？

賃貸経営を成功させるには、実行力が大切です。「経営者感覚チェックリスト」でも、実行する力がないと何も始まらないという意味合いを込めて、〝実行力〟を筆頭にあげました。

しかし多くの大家さんは、リスクを冒してまで実行することを嫌い、なかなか重い腰を上げたがりません。その要因の一つが、現状のままで放置しても困らないから、だと思われます。

銀行から融資を受けている場合は別ですが、親からの相続財産としてマンション・アパートを譲り受けた大家さんは、多少空室があっても本当は困ってはいないのです。毎月の借入金の返済はないのですから、賃貸収入から管理費と税金を払えば、残りはすべて手取り収入。本来なら外壁を塗り替えたり、屋根防水をしたり、住宅設備を最新のものに変更するなりの費用をかけなければならないのですが、今やらなくても支障がないため、大半の大家さんは雨が漏ったり、設備が壊れるまでは行いません。多少空室があっても生活費の足しになるくらいの賃料収入はあるのです。だから、空室は気にはなるけれども、そのためにリフォームなど投資をするのは気が乗らない。損するわけじゃないから、このままでいいや、と放置されているケースがほとんどです。

しかし、マンション・アパートは日々劣化していきます。手入れをしなければ、外観も内部もボロボロに汚れ、入居者も退去してしまい、新しく入居を募集しても誰も来てくれない……。そんな未来が待ち受けています。

マンション・アパートの劣化は、ある日突然起こるものではありません。徐々に生じるものです。さびた手すりやほこりがたまった廊下、汚れた外観も見慣れた風景になってしまい、大家さん自身は何とも思わないかもしれません。

しかし、住居を探している人たちからしてみれば「こんなボロいところはイヤだな。ほかの物件にしよう」となってしまうのです。

あなたの物件は、初めて訪れた人が「ぜひ住みたい！」と思えるようなものですか？それとも一瞥《いちべつ》しただけで「ちょっとイヤだな」と敬遠されてしまうようなものですか？

時間がたてばたつほど劣化は進み、リフォームや改修にも費用がかかってしまいます。

そうなる前に何かしらの対策を立てる。一日でも早く最初の一歩を踏み出すことが大事です。

「家賃を下げないと決まらない」って本当？

「空室対策をしよう！」と一歩踏み出した大家さんの中でも、家賃の値下げを最初に考える人は多いです。家賃の値下げは費用もかかりませんし、誰でも簡単にできます。実際、空室をすぐ埋めるという意味では効果的な施策といえるでしょう。

しかし長い目で見たとき本当に家賃の値下げが最善の策なのか。私は疑問に思います。長い間手入れを怠り、空室がなかなか埋まらない物件の家賃を下げるとします。当初の家賃は8万円だったとして、2万円下げて6万円。10戸のアパートのうち2戸空室だったとすると、値下げ前の家賃収益は8戸×8万円＝64万円です。

ところが、先に入居していた人たちが値下げの事実を知り、「自分たちの家賃も値下げしろ！」と要求してきたとします。そうなったら、今まで64万円あった家賃は48万円に。10戸すべて満室になったとしても収益は60万円。今までより4万円も安くなってしまいます。

前にも述べましたが、家賃と生活水準、生活環境は連動します。

家賃は生活費の中でもぎりぎり、削ることができないものですので、収入と連動しています。一般的には手取り月収の3分の一が上限だと言われていますが、逆に計算すると、家賃6万円は生活費が18万円程度の入居者になります。

さらに経年劣化が進み、6万円でも入居者が見つからなかった場合、家賃を4万円にしますと、入居者は12万円の生活費の入居者になります。

12万円で生活している人は、お金の余裕が少なく、予想外の出費が発生した場合、残念ですが家賃の滞納につながりやすい傾向にあります。

一度払えなかった入居者から数ヶ月分の家賃をまとめて回収するのは並大抵のことではありません。家賃回収を巡って、トラブルやクレームなどが多々発生することも予想されます。家賃を滞納されると、管理の手間は増える一方なのに、得られるはずの収入が手に入れられなくなる可能性があるのです。

日本は法律上、家賃滞納者であっても退去を求めることはできません。家賃滞納者に退去してもらうには、強制執行など法的手続きを取らなくてはなりません。そのためには、弁護士に依頼する必要があり、さらに費用がかかります。いったん、入居者を受け入れてしまったら、後は悪循環の一方なのです。

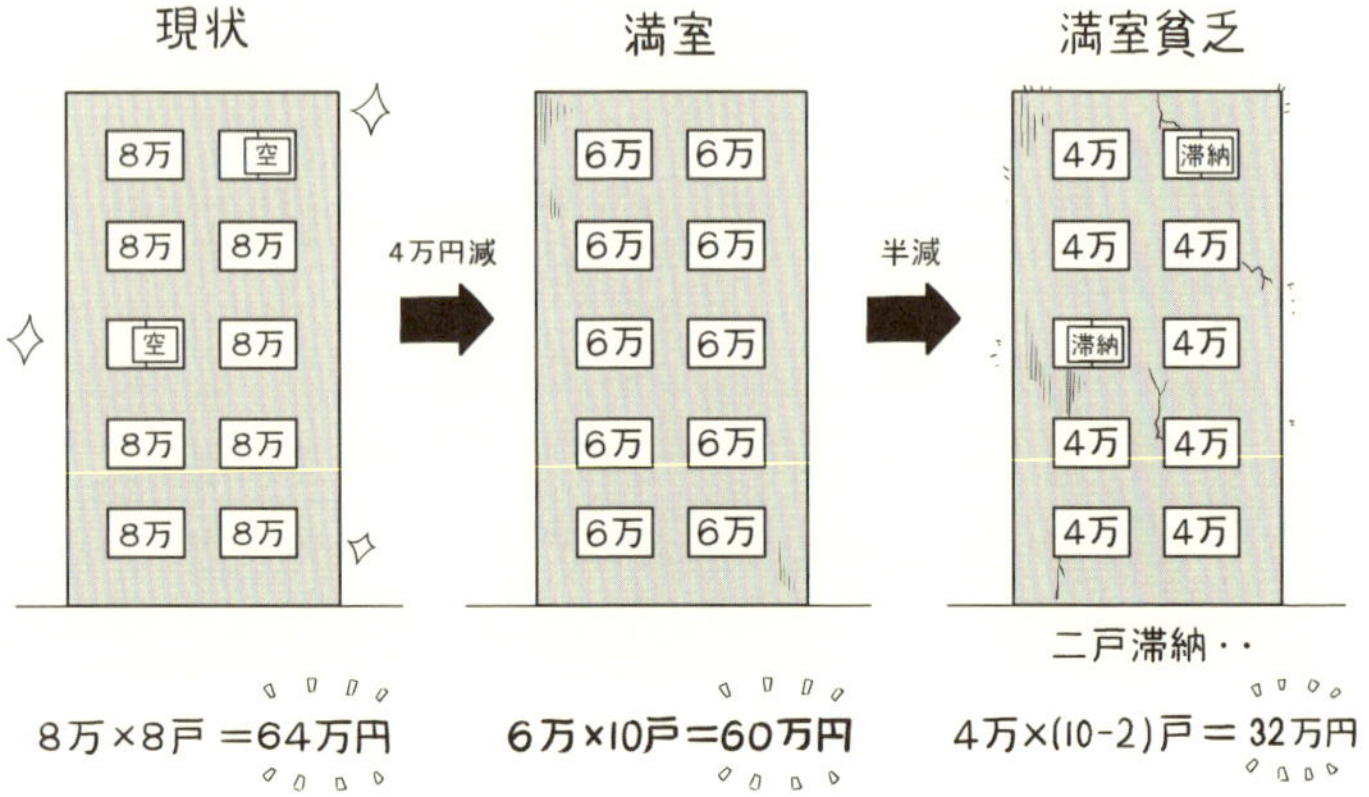

このような状況を私は〝満室貧乏〟と呼んでいます。

多くの大家さんはとにかく目の前の空室を埋めようと「満室」を目標にしています。しかし、賃貸経営を成功させるのは、満室ではありません。

会社経営者の中にも、売り上げばかり追求して、利益は赤字という会社もあります。そのような会社は当然のことながら、遅かれ早かれ倒産の憂き目に遭います。

賃貸経営の最終目的は〝収益の最大化〟のはず。ただ空室を埋めるのではなく、どうしたら収益を最大化できるのか。そのような視点で、賃貸経営することが大切です。

築古マンションの傾向

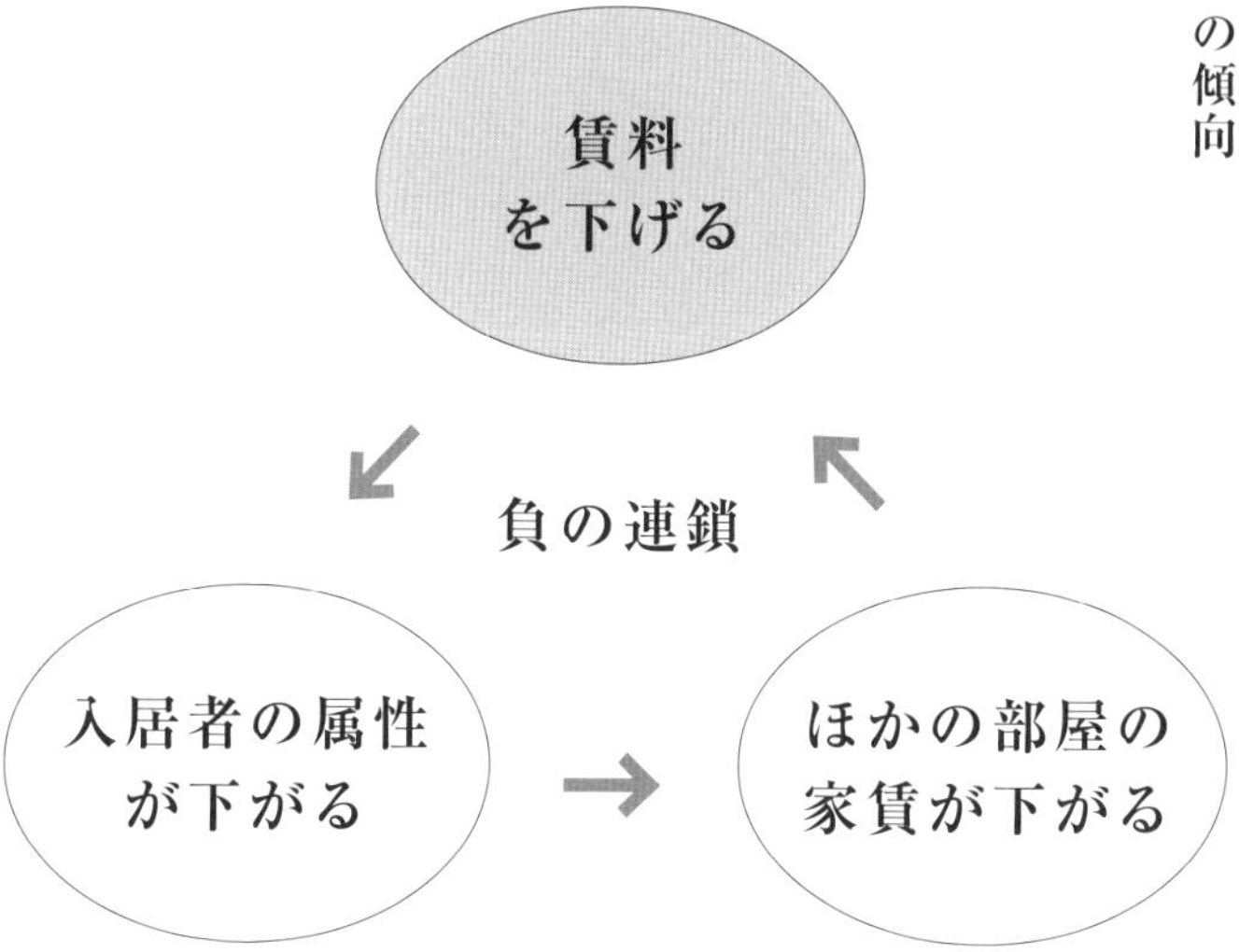
賃料
を下げる
負の連鎖
入居者の属性
が下がる
ほかの部屋の
家賃が下がる

第3章

不動産会社との付き合い方

不動産会社によって違う得意分野

ここまで、空室対策は、安易に家賃を値下げすることではなく、収益を最大化するための空室対策を行うべきということをお伝えしてきました。

そのために、最も大切なのが〝パートナー選び〟です。P54でも「失敗したくないなら専門家を頼るべき」というお話をしましたが、やはり社会経験豊富な大家さんといえども、賃貸物件の収益を最大化するための空室対策を一人で考え、実行するのは至難の業です。

では、どのようにパートナーを選べばいいのかを、具体的に見ていきます。

不動産会社と一言でいっても色々な業種があり、会社によって事業内容や得意分野はまったく異なります。それぞれの不動産会社の事業内容を見ていきましょう。

不動産会社一覧表

業種	事業内容
分譲	新築マンションや新築戸建ての分譲がメイン業務。大半が財閥系・電鉄系不動産会社や戸建て分譲専門会社などの大手企業 ex. 三井不動産、住友不動産、UR都市機構、飯田産業、オープンハウス
売買仲介	中古マンションや戸建てなど個人が所有している不動産の売買仲介がメイン業務。財閥系販売会社やフランチャイズ、地元不動産会社など大手から零細会社までさまざまな会社がある。 ex. 三井のリハウス、住友不動産販売、センチュリー21、ピタットハウス
賃貸仲介	賃貸マンションやアパートの入居者募集がメイン業務。地元不動産会社だけでなく、チェーン店やフランチャイズも多い。 ex. エイブル、ミニミニ、アパマンショップ
賃貸管理	賃貸マンションやアパートの管理がメイン業務。建設会社関連会社や地元不動産会社だけでなく、賃貸仲介会社や一括借上会社も参入。 ex. 積和不動産、大和リビング、エイブル保証、大東建託
投資	数十億円から数百億円規模のオフィスビル、マンション、商業施設、物流倉庫などを自ら購入・売却。投資家、ファンド会社への売買仲介がメイン業務。大手不動産会社、信託銀行、商社系不動産会社、外資系ファンド・リート会社、一部上場企業などが資産活用として利用。 ex. 三井不動産、みずほ信託銀行、三井物産リアルマネジメント

分譲会社は、自ら売主となり、新築マンションや建売住宅の用地仕入れから企画、開発、分譲まで行う会社です。長期間かかる大規模開発や再開発も行います。そのため、大半が資金力がある大手不動産会社。主な顧客は、新築マンションや建売住宅の購入を希望しているファミリー層です。

売買仲介会社は、主に個人が所有している中古マンションや戸建ての売買仲介を行う会社です。そのため、情報のネットワークが強く、不動産に関する情報もたくさん集まります。三井のリハウスなど大手不動産会社やセンチュリー21などのフランチャイズが台頭していますが、地域密着の地元不動産会社もいい物件を取り扱っており、大手から零細企業までさまざまな会社が混在しています。主な顧客は、マンションや戸建ての購入を希望しているファミリー層です。

賃貸仲介会社は、賃貸マンションやアパートの空室に入居者を決めることが主な業務です。地元不動産会社だけでなく、エイブルやミニミニなどのチェーン店やフランチャイズも多く、大半の会社は駅前に店舗をかまえています。最近は、インターネットで部屋探しをするのが主流となっているため、2階、3階のような空中店舗も増えてきました。主な顧客は、賃貸物件を探している学生や社会人です。

賃貸管理会社は、マンションやアパートの掃除や家賃回収などの管理業務を行う会社です。積水ハウスや大和ハウスなどの建設会社が建てた賃貸物件の管理をメインにしている会社や、地主さんが建てた賃貸物件の管理を行っている地元不動産会社だけでなく、入居者募集が得意な賃貸仲介会社や一括借上を行っている家賃保証会社までさまざまな会社が参入しています。主な顧客は、賃貸マンション・アパートを所有している大家さんです。

最後に投資会社ですが、数十億円から数百億円規模のオフィスビル、マンション、商業施設、物流倉庫などを自ら購入したり売却するだけでなく、投資家やファンド会社、リートへの売買の仲介業務も行います。売買仲介を手掛ける会社は、不動産だけでなく、金融、税務、法務、建築など広範囲の知識が必要なため、大手不動産会社、信託銀行などの不動産コンサルを得意としている会社が大半です。主な顧客は資産家や上場企業、外資系ファンドなど潤沢な資金を運用している個人や法人です。

一口に不動産会社といっても、種類は異なります。それぞれの特徴をよく理解した上で付き合いましょう。

大手不動産会社に頼んでいるから安心は迷信

前ページで、不動産会社の種別ごとの違いを説明しました。目的によって付き合う不動産会社が違うことをご理解いただけたと思います。

不動産会社の種別が理解できたら、次に悩むのが大手に依頼すべきか？　比較的小規模な地元の会社に頼むべきか？　ではないでしょうか。大手不動産会社も地元不動産会社も一概に良い、悪いとはいえません。こちらも、それぞれの特徴をまとめましたので、ご覧ください。

大手不動産会社と地元不動産会社の特徴

地元不動産会社	大手不動産会社
・地域情報に詳しい ・掘り出し物件を持っていることがある ・営業マンと一生の付き合いができる	・物件数が豊富 ・取り扱いエリアが広い ・利便性がいい駅前立地に店舗がある

・きめ細かい対応をしてもらえる
・経験豊富なベテランが多い

・接客が一定基準を保っている
・組織的な対応ができる

大手不動産会社のメリットは、なんといっても取り扱い物件数が豊富なところでしょう。全国津々浦々の物件を取り扱っているのですから、当然です。高級なタワーマンションや一等地にある豪邸など普段私たちにはお目にかかれない物件情報も多数扱っています。

大手不動産会社は、物件情報や社員の接客などすべてにおいて一定のクオリティを保持していることが多いですが、イレギュラーなことやマニュアルにないことへの対応が苦手だったりもします。

例えば、郊外にあるボロアパートに入居者を入れてくれ、といっても、大手不動産会社にはそのようなお荷物物件は後回しにされる可能性が非常に高いです。というのも、大手含め多くの不動産会社は、歩合給を採用しています。そのため、営業マンは時間や手間暇がかかる物件よりも、割のいい効率よくさばける物件を優先的に紹介する傾向があるのです。

対して、地元不動産会社のメリットは、きめ細かな対応。地域情報に詳しいのはもちろん、一つ一つの案件を面倒くさがらず丁寧にこなしていく傾向があります。転勤もないので、営業マンと一生の付き合いができるのも重要な点です。

もちろん、これはあくまでも両者の傾向であって、大手不動産会社の社員でもきめ細かなフォローが得意な人もいますし、地元不動産会社でも悲しいことに、いいかげんな対応をする会社もないわけではありません。

ここでいいたいのは、多くの方が「大手の不動産会社に任せたほうが安心」と思っていますが、決してそうではないということ。大切なのは、会社の規模や従業員の人数ではなく、安心して任せられる会社と思えるかどうかです。大手不動産会社が悪いわけではありませんが、ぜひ両者の特徴を理解した上で、自分のマンション・アパートはどのような会社に依頼すべきか、再考していただければと思います。

管理のクオリティで賃貸物件の価値が決まる

空室を埋めるためには賃貸仲介会社の営業力が重要と思われがちですが、実は最も重要なのは、賃貸物件の〝管理〟のクオリティです。賃貸物件の価値は管理のクオリティで決まるといっても過言ではありません。その例をご覧いただきましょう。

ある物件Aは、立地や間取りは問題なく、家賃も周辺物件と比べて割高ではないにもかかわらず、空室がなかなか埋まらず、大家さんも賃貸仲介会社もなぜ空室が埋まらないかわからず、困っていました。その大家さんから当社に相談があり、私たちが物件を訪れてみたところ、入居者が決まらない理由がすぐにわかりました。清掃がいいかげんだったために、物件が非常に汚かったのです。

建物が汚かったら誰でもわかるんじゃない？　と思う方もいるかもしれません。しかし大家さんや賃貸管理会社は長年その物件の汚さに見慣れてしまっているため、日常風景の一部と化してしまい、特段汚いと思わなくなってしまっているのです。

私たちはさっそく清掃にとりかかりました。廊下や階段などの共有部分の汚れを高圧洗浄機で洗い流し、トイレや洗面所の水垢《みずあか》を磨き落とし、床のほこりを掃き、雑草をむしり、木々の枝を剪《せん》定し、放置されていた自転車を廃棄し……。誰でもできるそのような小さなことを積み重ねた結果、2日後にはアパートは見違えるほどピカピカに。その結果、1カ月で空室3部屋の入居者が決まり、満室になりました。

これが管理のクオリティです。たとえ条件のいいマンションであっても、日ごろの管理を怠っていたら、すぐに汚れてしまいます。すると「汚らしくてイヤだな」「犯罪が起きそうだな」などと思われ敬遠されてしまうのです。

大家さんの中には、自宅の清掃は毎日欠かさずするのに、賃貸物件の清掃には無関心で、自分ではまったくせず、追加費用を払って管理会社に任せることもしないという人は案外多いです。

先述の通り、私は満室経営を望むなら、賃貸物件にもっと愛情を持ってあげる必要があると思っています。そのための手間暇やコストを惜しんでは、せっかく収益を上げられる物件も成果もあげてくれなくなります。

当社では管理物件の定期清掃にも力を入れており、どの物件も最低でも月に2度は清掃しています。そのため、清掃会社に依頼するのではなく、清掃員に直接依頼することで、中間マージンを抑え、割安で清掃ができるよう工夫しています。というのも、「お金がかかるから……」という理由で、定期清掃を入れていなかったり、月に1度しか清掃していなかったりする物件が多いからです。しかし、それでは建物はキレイになりません。

また、ふすまや雨戸替え、鍵やパッキンの交換なども自社の社員でできるようにしています。そして、入居者から不具合の連絡が来たら即座に現場に駆けつける体制をつくっているのです。

繰り返しになりますが、賃貸物件は生き物。我が子同然の愛情を注いで、常にピカピカの状態にしてもらいたいものです。

ボロッ
あまり使いたくない自転車置き場から・・

気持ちよく使える自転車置き場に！

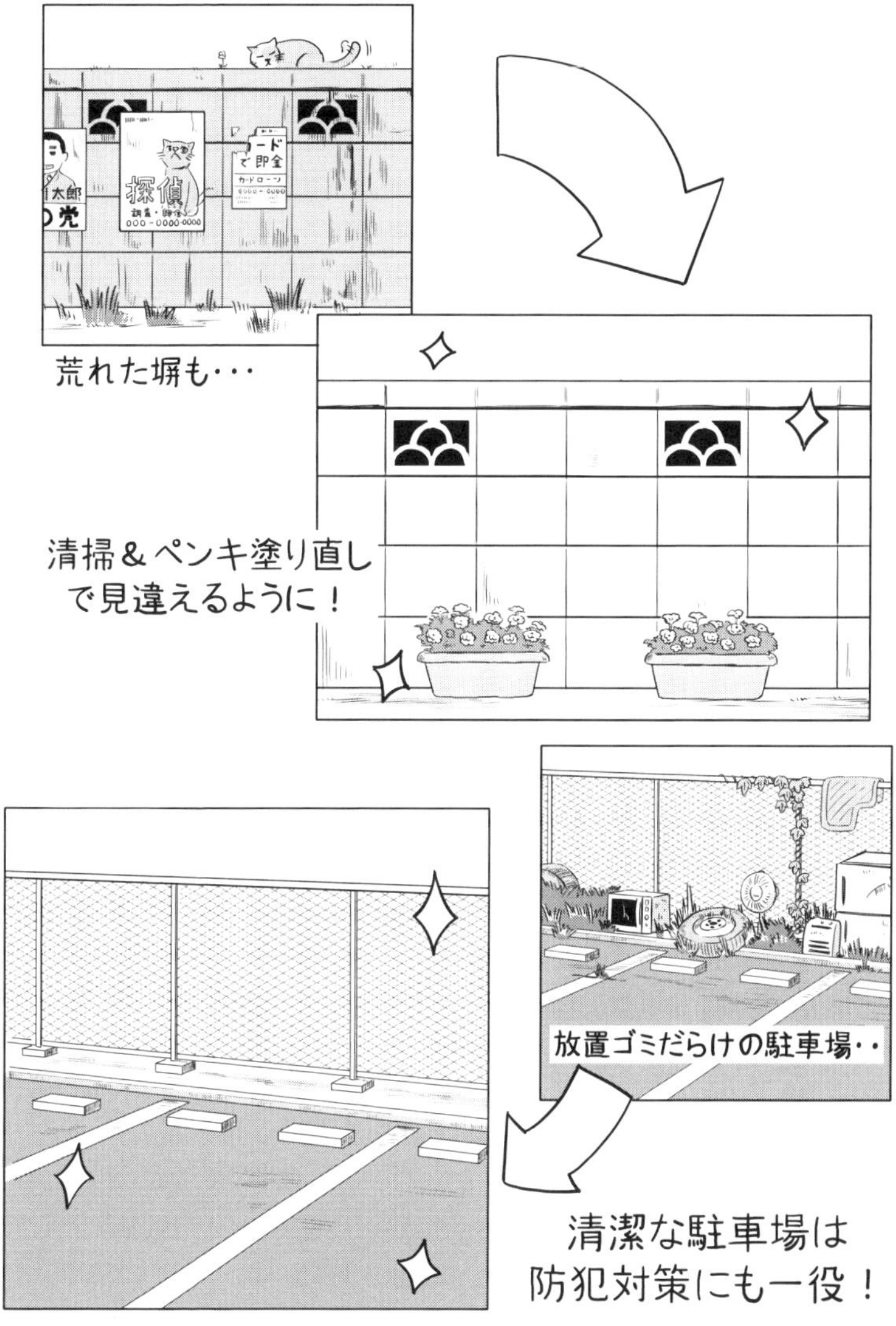
探偵
荒れた塀も・・・
清掃＆ペンキ塗り直し
で見違えるように！
放置ゴミだらけの駐車場・・
清潔な駐車場は
防犯対策にも一役！

まずは小さなところから変えてみよう！

第4章で大がかりなリノベーション工事での成功事例を紹介しますが、その前に、まずお金をかけず、すぐにでも実行できる身の回りの小さなことから始めてみてください。

例えば掃除。部屋の中はキレイに整理整頓されていますか？ クロスや床は汚れていませんか？ 定期的に窓を開けて空気の入れ換えを行っていますか？ トイレなどの水はちょくちょく流していますか？ 部屋の中に下水の臭いがたまったりしていませんか？ トイレや洗面所に水垢やカビがあったりしませんか？

ほかにも、ちょっとしたサービスやおもてなしで入居者の物件に対するイメージは変わってきます。スリッパを用意する、芳香剤・消臭剤を置いておく、花を飾る、すべての部屋に照明器具を付ける（照明器具がないと、仕事帰りなど夜に内見したい入居者を案内できません）。これだけでも、物件案内時のイメージはガラッと変わります。また、手づくり広告を作成するのも一つの手でしょう。パソコンを使えば、誰でも簡単に賃貸物件専用のパンフレットや募集チラシをつくることができます。これらがあるだけでイメージがよくなり、他物件との差別化も図れます。

多少お金はかかりますが、思い切って家具・家電・カーテンなどを置いてみるのも効果的です。入居後のイメージも膨らみますし、ちょっとオシャレな家具をセンスよく配置するだけで、イメージがよくなり、家賃が7万円から9万円に値上げできた成功事例もあります。これも入居者の「この家に住みたい！」という気持ちを喚起させることができたからです。

「家具や家電なんて設置したらまたお金がかかる……」と浮かない顔の大家さんもいるでしょう。しかし考えてみてください。家具や家電なんて20万～30万円もあれば配置できます。家賃9万円なら、たった3カ月で回収できてしまうのです。

相続などで賃貸物件を手に入れた大家さんの場合、ローン返済がなく、多少空室があっても赤字にならないため、つい先行投資を後回しにしがち。しかしそれは言い換えれば、毎月9万円受け取れるチャンスをみすみす見逃しているともいえるのです。

今すぐ行動して、一日でも早く、家賃収入を手に入れるのか？　それとも、このまま劣化し続けるアパートをただただ眺めて時間が過ぎていくのか？　大家さんの行動次第で、結果は変わってきます。

手作り広告例

リノベーション物件
ホームセキュリティ搭載
◆宅配BOX・防犯カメラ完備
◆犬・猫OK！多頭飼いはご相談ください
玄関
洋室 4.5帖
洋室 6帖
クローゼット
洗
浴室
洗面室
物入
LDK 15.0帖
バルコニー
専有面積 63.00 ㎡
※図面と現況が異なる場合は現況優先となります
＊共用部＊
■ 防犯カメラ ■ 宅配BOX ■ 駐輪場■駐車場■敷地内ゴミ置き場
■トランクルーム(各住戸専用)
＊専有部＊
■ エアコン(3台) ■ システムキッチン(IH3口) ■ 電気温水器(追焚き機能付)
■ 洗浄機能付きトイレ ■ シャンプードレッサー ■ ユニットバス ■ クローゼット
■ バルコニー ■ シューズBOX■ TVモニターホン ■ ホームセキュリティー
賃貸マンション
フローラ千葉中央
○○号室
間取り 2LDK
賃料
共益費
駐車場
敷金
礼金
所在地 千葉市中央区
交通 JR総武線「千葉」駅
構造
方位
築年月
入居可能
契約期間 2年
更新料 新賃料の1ヶ月
本体設備
備考
ALSOK
Casa
◆インターネット JCOM
◆敷地内駐車場複数台契約OK!

モデルルーム例

第4章

リノベーションで空室対策

リノベーションとは

最近、話題のリノベーション。この言葉を耳にしたことがある大家さんも多いと思います。

リノベーションとは、英語で「革新、刷新、修復」を意味する言葉。会社や人によって言葉の定義は異なりますが、ここでは「建物に新たな付加価値をつけ再生させること」と定義します。

おそらくリノベーションの一番わかりにくい点がリフォームとの違いでしょう。それぞれの内容を表にまとめましたのでまずご覧ください。

リフォームとリノベーションの違い

	リフォーム	リノベーション
意味	老朽化した建物を建築当初の姿に戻すこと	建物に新たな付加価値をつけ再生させること
工事内容	クロスの貼り替え、トイレ・洗面台の交換など「機能修復」を目的とした比較的小規模な工事。部屋の印象は大きく変わらない。	住宅設備は最新機能に交換。内装だけでなく、間取りまで変更する大規模な工事。新築そっくりな部屋になり、新築向け設備も選択可能に。

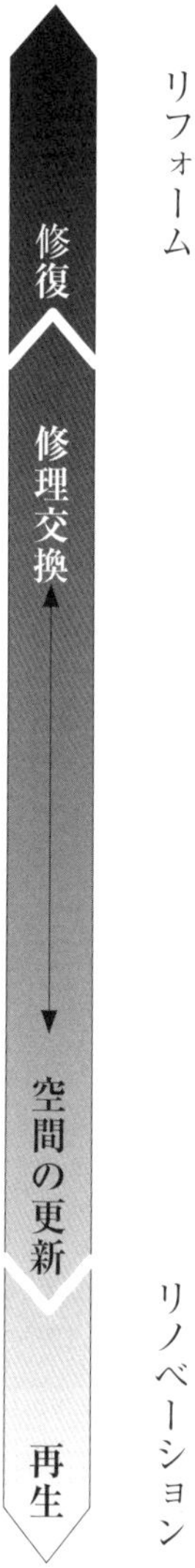

↓リノベーションのほうが入居者ニーズにマッチした空間になりやすい！

例えば、単純にクロスが汚い、洗面所やキッチン、バスルームなどの設備が古い場合は、クロスを貼り替えたり、新しい設備を導入したりといったリフォームで対応できます。

しかしそもそもの間取りが現代にあっていないなど、大がかりな改修が必要な場合はリフォームではなく、リノベーションとなるのです。

例えば、昔の建物には必ず客間と呼ばれる和室があります。これはお客様や実家の両親などが訪れたときに布団を敷いたり、親戚が集まったとき2間続きの和室のふすまを開放してみんなで食事をしたりするときに使いましたが、現代では親戚が集まったり、お客様が家に泊まったりすることは少ないです。そのため、最近の住宅からは和室は姿を消しつつあります。

また昔は子だくさんの家庭が多かったので部屋数が多いことが絶対条件でしたが、近年は一人っ子や子どものいない家庭が増えたため、部屋数はそんなに重視されません。それよりも大きなテレビやソファが置ける広くて開放的なリビングや、足先まで伸ばせる広いバスルームがあること、収納スペースが多いことなどを重要視する家庭が増えています。

このように間取りや設備が時代遅れの場合、リノベーションが必要です。間取りを3DKから2LDKにするなど、大がかりな改修工事をすることで入居者のニーズに応えていきます。

百聞は一見にしかず、実際に空室対策として成功したリノベーションの実例を見ていきましょう。

成功実例から学ぶ【リノベーションで空室対策】

成功事例①　男子独身寮を女性専用セキュリティ住宅に

成功事例①はP34にてご紹介した元男子独身寮です。外壁は汚れ、見た目はボロボロ。

壁にはパンチや蹴りで所々穴が開けられ、定期清掃が入っていなかったせいで、タバコの臭いが充満し、とてもじゃないですが住みたいと思えるようなところではありませんでした。それがリノベーションで女性専用セキュリティ住宅に大変身。1カ月足らずで満室になる人気物件に早変わりしたのです。

【物件概要】

交通	JR総武線「本八幡」駅　徒歩5分
築年月	1992年2月（築27年）
構造・階数	軽量鉄骨造2階建て
用途	男子独身寮
間取り／専有面積	ワンルーム（19・25㎡）
入居数／総戸数	0戸／8戸
総工事費	600万円
募集期間	リノベーション後1カ月で満室

【リノベーション前】

- 典型的な独身寮仕様
- 共有玄関、共有下駄箱
- 建物内部はフローリング貼りで土足厳禁
- 各部屋ドアは木製扉
- 各部屋にトイレ・ユニットバス・ミニキッチンが完備
- 男子独身寮のため、建物は内部も外部も悲惨な状況
- 外壁は汚れがひどく、ほとんどの網戸は破れている
- バルコニーの排水口に泥がたまり、排水できずに水たまり状態
- 建物内部（室内・廊下・階段）はタバコの臭いが充満
- 廊下・階段には私物（冷蔵庫・ゴルフバッグ・サッカーシューズなど）が放置
- 屋内のクロスは所々破れ、ほこりだらけ
- ビールびんやペットボトルも転がっている
- 廊下電灯の半分は球切れ

【リノベーション内容】

■共有玄関ドアをオートロック機能付きドアに変更
■各部屋ドアをスチール玄関ドアに変更
■廊下・階段をフローリングから屋外シート（遮音タイプ）に変更
■廊下電灯を常夜灯（ＬＥＤ）に変更
■屋外にセンサーライト設置
■すべての窓に防犯フィルム貼付
■ＩＨコンロに交換　※トイレ・ユニットバス・ミニキッチンはそのまま
■クロス全面貼り替え・外壁塗装・バルコニー高圧洗浄

Before

After

ダークグリーンの外壁を明るいイエローに塗装。各部屋の出入り口を木製ドアから特注スチールドアに取り替え、プライバシーを確保。床材もフローリングから屋外シート（遮音タイプ）に変更しました。

Before

↓

After

クロス・床材を白基調に変え、明るい印象に。

【所感】

ターミナル駅から徒歩5分。スーパーやコンビニも近く、駅までの道のりが防犯上優れていることと共有玄関ドアにオートロック機能が付けられることに着目。各部屋の専有面積が20㎡未満のワンルームであることも逆手にとって、ターゲットを「賃料は抑えたいが、防犯面は重視したいと思っている人」に想定。結果「初めて一人暮らしする若い女性が安心して住める」をコンセプトにした女性専用セキュリティ住宅にリノベーションすることに決定しました。

入居者のプライバシーを確保するため、各部屋の出入り口は木製ドアからスチール製玄関ドアに変更。色も女性が好むカラフルな色を特注しました。

窓には各部屋だけでなく、共有部まですべて防犯フィルムを貼付し、セキュリティを強化。初めての一人暮らしの方は、真っ暗の部屋に帰宅するのは不安であると考え、廊下灯は明暗センサー付き常夜灯にしました。

その結果、想定通り、学生や新社会人の女性からの入居希望が殺到し、1カ月足らずで満室となり、今でもキャンセル待ちが出るほどの人気物件となりました。

成功事例②　築40年老朽化マンションの空室のみを、流行りの間取りと最新設備に

次にご紹介するのは築40年以上のボロボロアパート。造りも古く、大家さんも入居者が本当に集まるか不安げでした。キッチンやお風呂など部分的なリフォームはしていたものの、昔ながらの和室や木製のドアが残り、昭和感拭えない様相に。ここを今どきの入居者のニーズにあうよう、躯体だけ残してすべてスケルトン解体。流行りの間取りに変更して、最新設備を導入しました。思い切ったリノベーションに当初は不安顔だった大家さんも、まるで新築のようにキレイになった物件を見て思わず笑顔。工事後、３カ月で満室になりました。

【物件概要】

交通	北総線「北国分」駅　徒歩15分
築年月	1977年9月（築42年）
構造・階数	鉄筋コンクリート造4階建て（エレベーターなし）
用途	住戸
間取り／専有面積	3DK（49・27㎡）
入居数／総戸数	16戸／24戸
総工事費	3，800万円
募集期間	リノベーション後3カ月で満室

【リノベーション前】

- 昭和50年代に人気だった団地タイプの建物
- 間取りは居室がすべて和室でキッチン・ダイニングに窓がない3DK

・キッチン給湯は瞬間湯沸かし器
・お風呂はバランス釜（シャワーなし）
・建物構造部のコンクリートには異常なし
・雨漏りや給排水管等からの漏水なし
・手すりなどの鉄部にさびや腐食している部分はあるが、修理や塗装で改善可能
・都市計画変更により、同規模の建物を再建築することはできない
・老朽化のため、給排水管・ガス管の交換が必要
・4階建てでもエレベーターなし

【リノベーション内容】

・住宅設備、給排水管だけでなく、天井・壁・床など構造部分以外はすべて解体撤去（スケルトン）
・間取りを3DKから2LDK（1階、2階、3階）、1LDK（4階）に変更
・ユニットバス、洗面台、キッチン、トイレは分譲マンション仕様と同レベルのものを設置
・フローリング、建具、玄関収納、キッチン、洗面台、クロスは清潔感ある白ベース

で統一

- 集合ポスト交換
- 外壁、廊下、階段、手すり、その他鉄部を塗装
- 屋上陸屋根、バルコニー床を防水施工
- 廊下外灯を常夜灯に交換（ＬＥＤタイプ）
- 給排水管、ガス管交換

Before

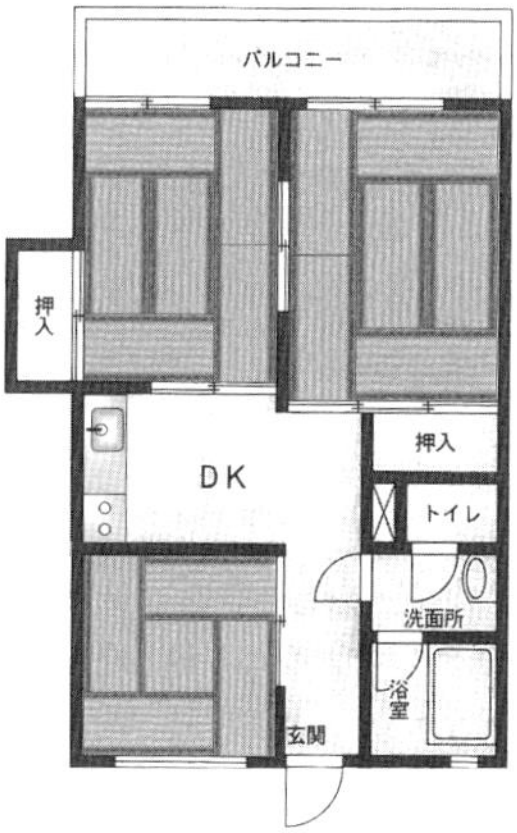

After

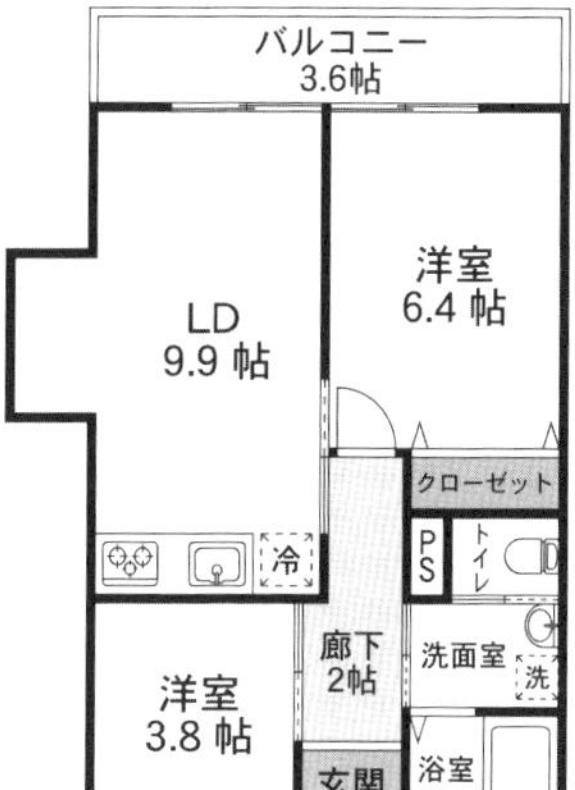

若い夫婦で子どもが小さい家族をターゲットにした間取りに変更（２ＬＤＫ）

After

単身者をターゲットとした広々リビングの間取り（１ＬＤＫ）

Before

↓

After

外壁塗装・集合ポストの交換で清潔感のあるマンションに一新

Before

After

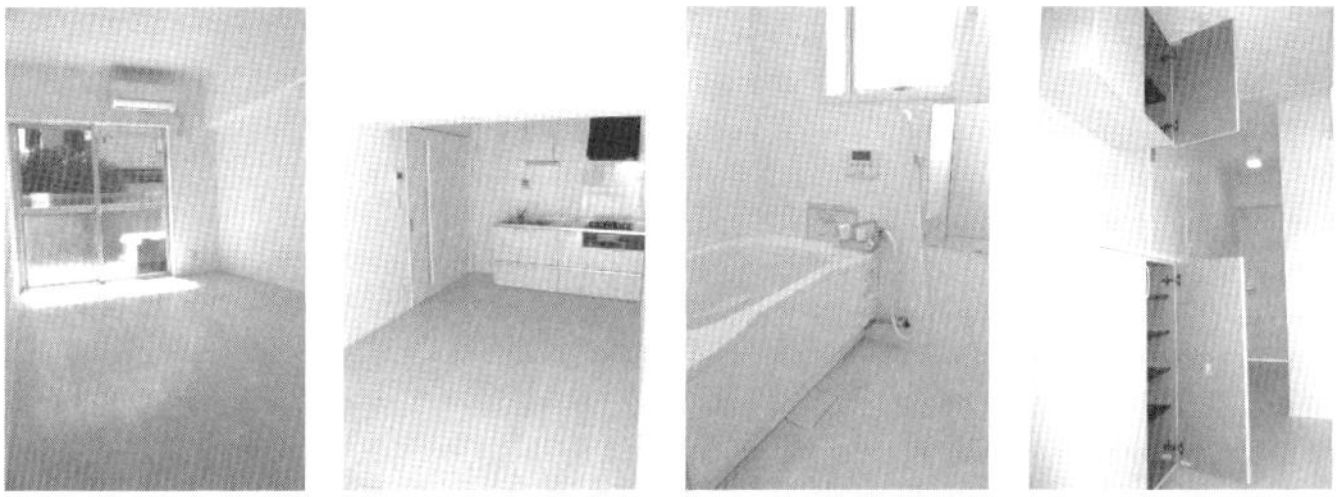

内装は白をベースにして明るく清潔感のある建具・床材を使用。玄関を開けた瞬間の印象が明るくなりました。

【所感】

最寄駅はターミナル駅でなく、駅から徒歩15分の立地ですが、区画整理地内のため、幼稚園、保育園、小中学校も近く、スーパー・コンビニ・ドラッグストア、ファミレス、家電量販店など生活に欠かせない店舗も充実していて、子育て世代に人気のエリアです。そのため、1階から3階は若い夫婦で小さい子どもがいる家族の入居を想定。エレベーターがないため、4階は30代単身者をターゲットにしました。

和室3部屋に、窓がない暗いキッチンや狭いお風呂では、いくら最新のキッチンやユニットバスに交換しても、若い夫婦は見向きもしません。そのため、躯体以外すべて解体しスケルトンにすることで、流行りの2LDKを実現しました。内装も白をベースに明るく清潔感のある建具・床材を使用し、住宅設備は分譲マンションと同グレードのものを選びました。

外壁塗装、さびついた手すりの補修・塗装を行い、古びた印象を一新し、若い世代に清潔感のあるマンションのイメージを持ってもらえました。

また、4階は階段を苦にならない30代独身者に好まれるよう大画面テレビや大きなソファを置ける広々したリビング、朝食も食べられるキッチンカウンター付き対面キッチン、充実して収納スペースもある1LDKとしました。

結果、８部屋が３年間も空室だったにもかかわらず、３カ月で満室になりました。

成功事例③　バス便の元社宅19戸をホームセキュリティ付きマンションに

３つ目の成功事例はバスでなければ行けない駅から遠い物件です。大家さんの中には駅から遠いというだけで、「満室経営なんて無理だ」と嘆く方がいますが、そんなことはまったくありません。この物件もＪＲ千葉駅からバスで10分、さらにバス停から徒歩４分と決して立地には恵まれていませんでしたが、もともと社宅であることから、頑丈な鉄筋コンクリート造で、全住戸分の平面駐車場があるところに着目。車で通勤するファミリー層をターゲットに安心安全なホームセキュリティ付きマンションにリノベーションしたところ、約２カ月で19戸を満室にすることができました。

【物件概要】

交通	JR総武線「千葉」駅よりバス10分　バス停から徒歩4分
築年月	1997年1月（築22年）
構造・階数	鉄筋コンクリート造4階建て（エレベーターなし）
用途	社員寮
間取り／専有面積	3DK（63・00㎡）
入居数／総戸数	0戸／19戸
総工事費	5，400万円
募集期間	リノベーション後2カ月で満室

【リノベーション前】

- 大手企業の家族用社宅
- 最寄駅からバス便立地
- 全住戸分の駐車場が敷地内に確保

■社宅廃止に伴い、19住戸すべてが空室の状態
■建物躯体、外壁、屋上防水、給排水管など主要部分に異常なし
■キッチン、ユニットバス、トイレ、洗面台など住宅設備は汚れや機能劣化が見られる
■全住戸が典型的な和室1部屋の3ＤＫタイプ
■4階建てでもエレベーターなし

【リノベーション内容】

■全住戸、間取りを3ＤＫから2ＬＤＫに変更
■ユニットバス、洗面台、キッチン、トイレは分譲マンション仕様と同レベルのものに交換
■エントランスに24時間オンライン管理の電気式宅配ボックスを設置
■全住戸にアルソックホームセキュリティを導入
■敷地内に24時間録画機能付き防犯カメラを10台設置
■廊下・階段及び敷地内外灯をすべて常夜灯（ＬＥＤタイプ）に交換
■防犯カメラの死角をなくすため、敷地内の樹木をすべて伐採
■パステル色、木目調、タイル調のクロスをアクセントとして所々に使用
■集合ポスト交換

Before

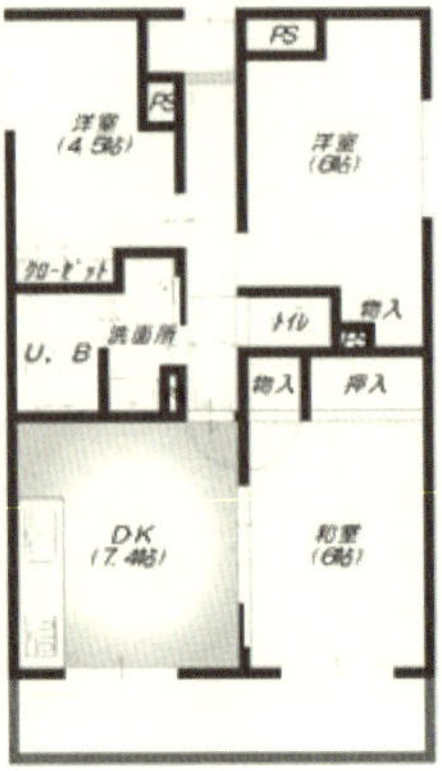

After

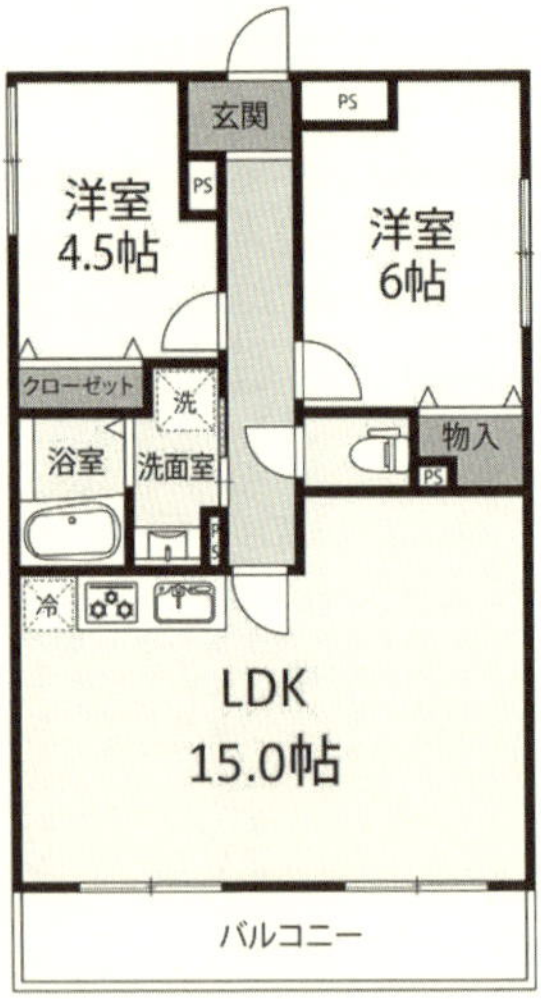

家族でくつろげるようにリビングは広々とした15帖に変更。

Before

After

建物の顔であるエントランスの古いポストは新品に交換。さらに宅配ＢＯＸを設置し、入居者に利便性を提供。エントランスに花を植え、四季を感じられるマンションに。

Before

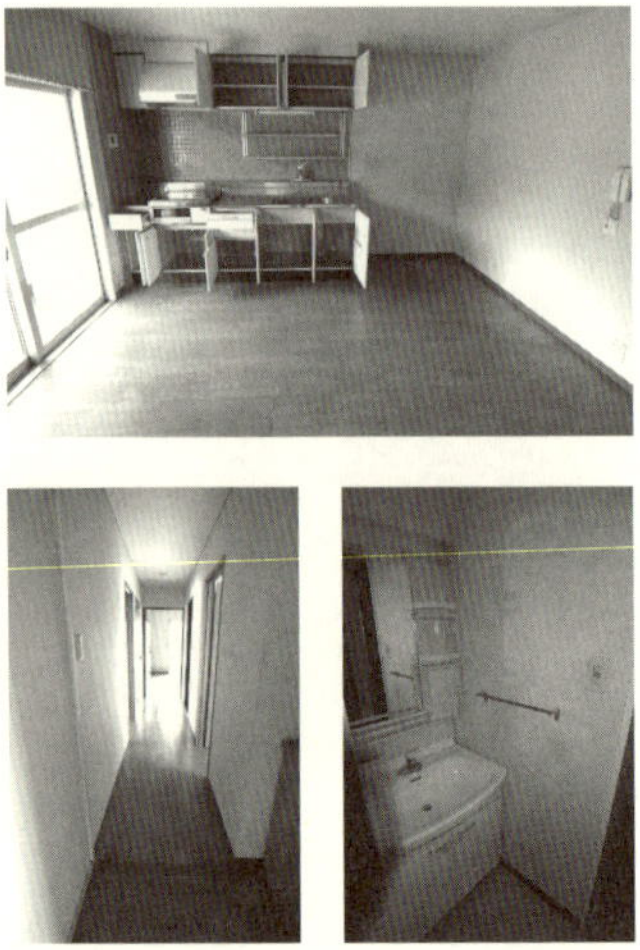

After

女性が気になる水回りはすべて新品に。アクセントクロスを使用して、明るいリビングをさらに好印象に。

【所感】

大手企業が工場勤務者向けに家族用社宅として20年前に建築した建物のため、立地はバス便ですが、構造は鉄筋コンクリート造で、外廊下と居室窓との間に防犯のための吹き抜けがつくられていたり、全住戸分のトランクルームがあったり、敷地内に全住戸分の平面駐車場が確保されていました。ただ、間取りは昔ながらの3DK、4階建てにもかかわらずエレベーターはなく、エントランスにオートロック機能もありませんでした。

敷地内に全住戸分の平面駐車場があること、インターチェンジが近いこと、鉄筋コンクリート造で防犯上の吹き抜けがあることに着目し、夫が車で通勤しているか、日常生活で車を頻繁に利用している世帯でかつ生活音や防犯が気になる方に適しているのではと考え、1階は老夫婦、2、3階は小さい子どもがいるファミリー世帯、4階は新婚夫婦をターゲットにしました。

そのため、間取りは全面南向きリビング15帖の2LDKにすべて変更し、住宅設備や内装は、1階はシックなイメージ、2、3階は明るくナチュラルなイメージ、4階は重厚感があるビンテージ風にしました。

エントランスには共働きの夫婦にとって必需品である宅配ボックスを設置。小さな子どもや老人が安心して暮らせるようホームセキュリティを全住戸に導入しました。既存建物に後からオートロックを付けることが技術的に難しかったため、階段・廊下・エントランス・駐車場・駐輪場に24時間録画機能付き防犯カメラを設置することでオートロックに劣らない防犯設備を実現しました。

建物の顔ともいえるエントランスには花を植え、四季を感じることのできるマンションにするなど細かいところまで気を遣うことにより、近隣の築浅ファミリー住戸が入居者募集で苦戦している中、19戸の空室をリノベーション後2カ月で満室にすることができました。

成功事例④　駅前ビル4階空き事務所をデザイナーズマンションに

4つ目の成功事例はJR総武線「下総中山」駅から徒歩1分のテナントビルの4階フロア。もともとは消費者金融の事務所でしたが、エレベーターがなく4階まで階段で上がるのが大変なこともあり、数年前に事務所を移転していました。駅前という好立地にもかかわらず、築40年以上という造りの古さとエレベーターがないという弱点からなかなか次のテナントが入らずオーナーも困り果てていました。

打つ手なし！　と思われましたが、当社はこのテナントビルの事務所スペースを独身男性をターゲットとした住戸へとリノベーション。戦略は見事当たり、趣味を満喫したいオシャレな独身男性が住んでいます。

【物件概要】

交通	JR総武線「下総中山」駅　徒歩1分
築年月	1970年12月（築49年）
構造・階数	鉄骨造6階建ての4階部分（エレベーターなし）
用途	事務所
間取り／専有面積	49・00㎡
総工事費	410万円
募集期間	リノベーション後1週間で入居

【リノベーション前】

- 駅前ロータリーに面した築49年の商業ビル4階

・エレベーターはなく、階段は狭く急勾配、エントランスもわかりづらい
・既存の内装・設備は老朽化がひどく、現況のままでの使用は不可
・数年間空室で、その間テナント案内もない状況

【リノベーション内容】
・設備、給排水管だけでなく、天井・壁・床など構造部分以外はすべて解体撤去（スケルトン）
・事務所からデザイナーズマンションに用途変更
・広々したユニットバス、シャンプードレッサー、タンクレストイレを設置
・床はホワイト色のフローリングに
・キッチンはオープンキッチン
・リビングは16帖以上
・廊下・リビングドアがないオープンな間取り
・照明はすべてレール照明にスポットライト設置
・すべての窓にブラインド設置
・バルコニーなし

Before

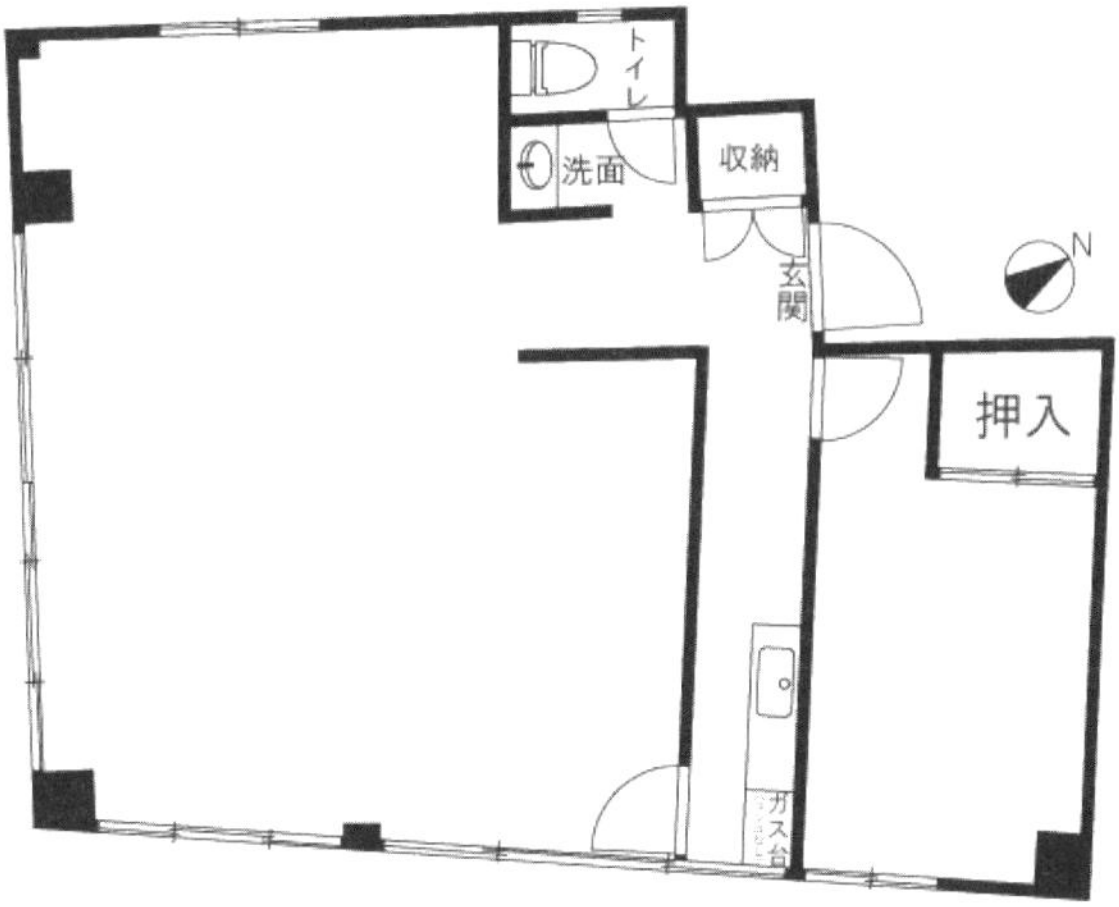

After

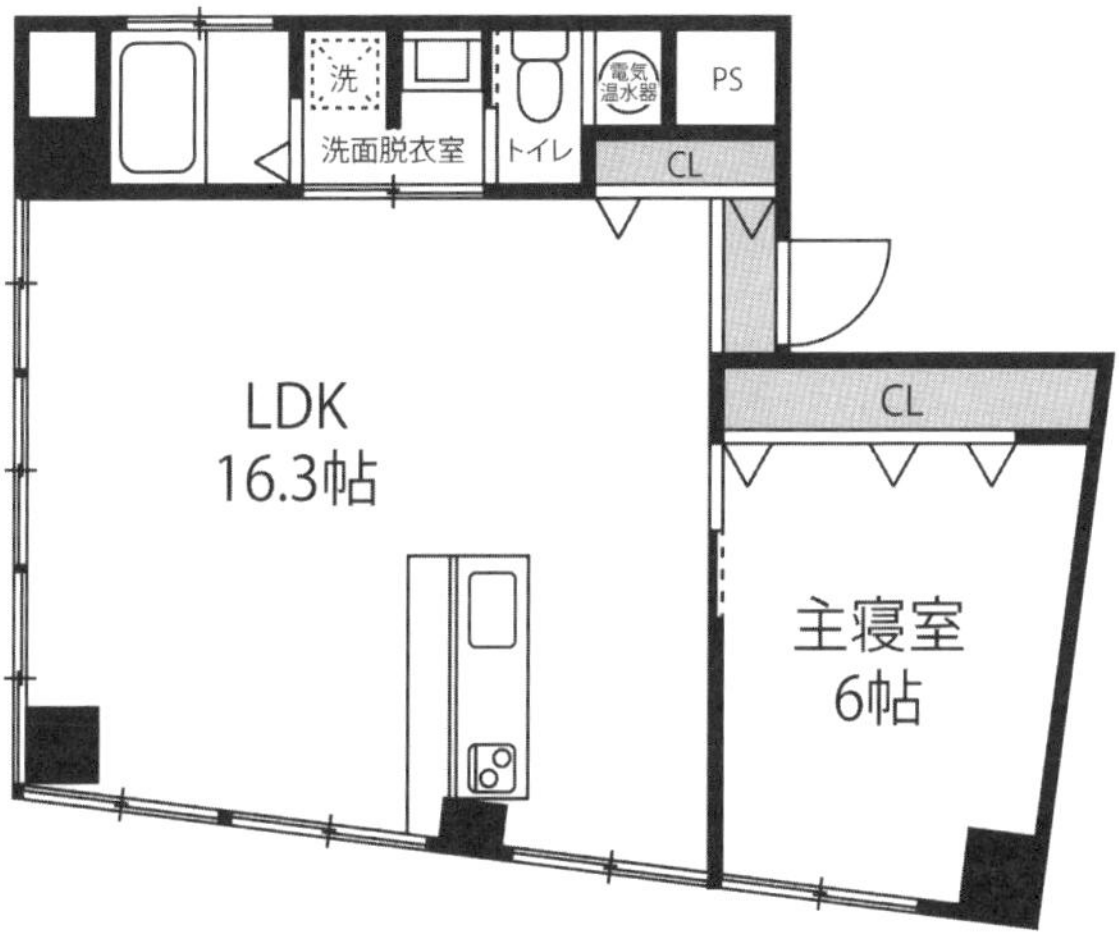

事務所をリノベーションで一般住宅に。

Before

After

老朽化の設備は最新式に。古かった事務所が新築デザイナーズマンションに変身。

【所感】

数年前まで消費者金融の事務所でした。駅前ビルにもかかわらず、エントランスがわかりづらい点が消費者金融の顧客にとっては好都合であったよう。しかし、顧客の高齢化によって、エレベーターがなく、狭くて急勾配の階段を4階まで上がることが敬遠され、顧客が激減したため、事務所移転したそうです。

急勾配で狭い階段を4階まで上がらなくてはならない点は変えることができないため、駅前立地でしたが、事務所として使用することは無理だと判断しました。

商業ビルのためバルコニーはなく、駅前なので深夜まで騒音がひどく、日当たりも悪いので住宅としては不向きと思われがちです。しかし、北向き住戸でも立地がよければ、バルコニーのない都心のタワーマンションでも飛ぶように売れています。なぜなら、住宅を選ぶ際に日当たりよりもバルコニーよりも立地を最優先に考える人がいるからです。日当たりも気にせず、洗濯物は部屋干し又は乾燥機、普段の食事は外食がメインだが、たまに友達とホームパーティをしたり、大画面テレビで映画鑑賞するのが楽しみというオシャレな30代から40代の独身男性をターゲットにしました。

なぜなら、駅前であれば友達も来やすいですし、商業ビルは夜間に人がいないため、大音量で映画を観てもどこからも苦情はきませんから好都合なのです。

内装は白と黒を基調としたシックなイメージに。さらにすべての窓にはステンレス色ブラインド、照明はレールに付けて好きな照明器具を設置できるようにしました。希少価値もあり、リノベーション後すぐに入居者が決まりました。

安物買いの銭失いになっていませんか？

リノベーションで空室対策に成功した実例をご紹介しましたが、いかがでしたか。

セミナーでリノベーションでの空室対策を説明したのちに感想を聞くと、ほとんどの人に「いいですね」といってもらえますが、セミナー後の個別相談で私が「この物件は間取りも設備も今どきではないので、リフォームではなく、リノベーションしましょう」と提案すると大半の人は拒絶反応を示します。その最大の要因は、工事費用が高額だという理由です。リフォームだったら1部屋あたり50万〜100万円程度で収まるのに、リノベーションだと1部屋あたり400万円近くかかり、総工事費が5，000万円を超えることもあります。満室になる保証もないのに数千万円の工事費を出費することは、大家さんにとってかなりのリスクであり、リノベーションしたほうがよいとわかっていても、なかなか決断できないのが実情だと思います。

それを承知の上でいいますが、安価なリフォームでそれなりの成果が上げられるのであれば、リノベーションをする必要はまったくありません。しかし、リノベーションでなければ満室にならない時代遅れの物件にもかかわらず、費用を抑えたいがために、その場しのぎのミスマッチのリフォームをしても、空室は埋まりません。なぜならば、今は空室が巷にあふれているからです。

リフォームでもそれなりの成果が上がる物件であっても、大家さんが建築費を抑えることにばかり気を取られたために、失敗してしまう例が多々あります。

典型的な失敗例は、全体のバランスを考えずに、一番汚れている部分のみをリフォームするケースです。リフォームした部分は新品のようになりますが、ほかの部分は以前のまま。そのため、リフォームした箇所としていない箇所を比較すると、していない箇所の汚れが浮き立ってしまい、全体として以前より「汚い」印象が強まってしまうのです。

また、ユニットバスやキッチンを交換するなどそれなりの費用をかけたのに、空室が埋まらないケースもあります。その原因は、ユニットバスを交換しても「お風呂場を大きく」といった要望には応えられないからです。部屋を探している人は足先まで伸ばせてゆっくり浸かれるキレイなお風呂が欲しい、対面キッチンで会話しながら料理がしたいなどと考えています。そのためお風呂やキッチンを交換しただけでは「ここのお風呂は狭いからほかを探そう」となってしまうのです。

リフォームで失敗する大家さんの多くは、建物のビフォー&アフターを比較して「キレイになったから入居者が決まる」と考えがちですが、入居者は当然のことながら、リフォーム前の建物の状態なんて知りません。リフォーム後の建物とほかの検討物件とを比較して「リビングが広くていい」「外観がモダンで素敵だ」「憧れの対面キッチンが気にいった」などと考えて選んでいくのです。

それなのに、多くの大家さんはなぜか、築古の空室だらけの建物と比べて自分のアパートはお風呂がキレイだとか、キッチンが新しいとか、判断します。しかし入居者は不人気な建物と比較しているわけではありません。ほかに魅力的な建物はいくらでもある時代です。

まずは自分自身が不動産を探している入居者の立場になって考えてください。そうすれば自分のマンション・アパートに足りないものは何か、きっとわかるはずです。

【リフォームの失敗例】

リフォーム前

リフォーム後

リノベーション後

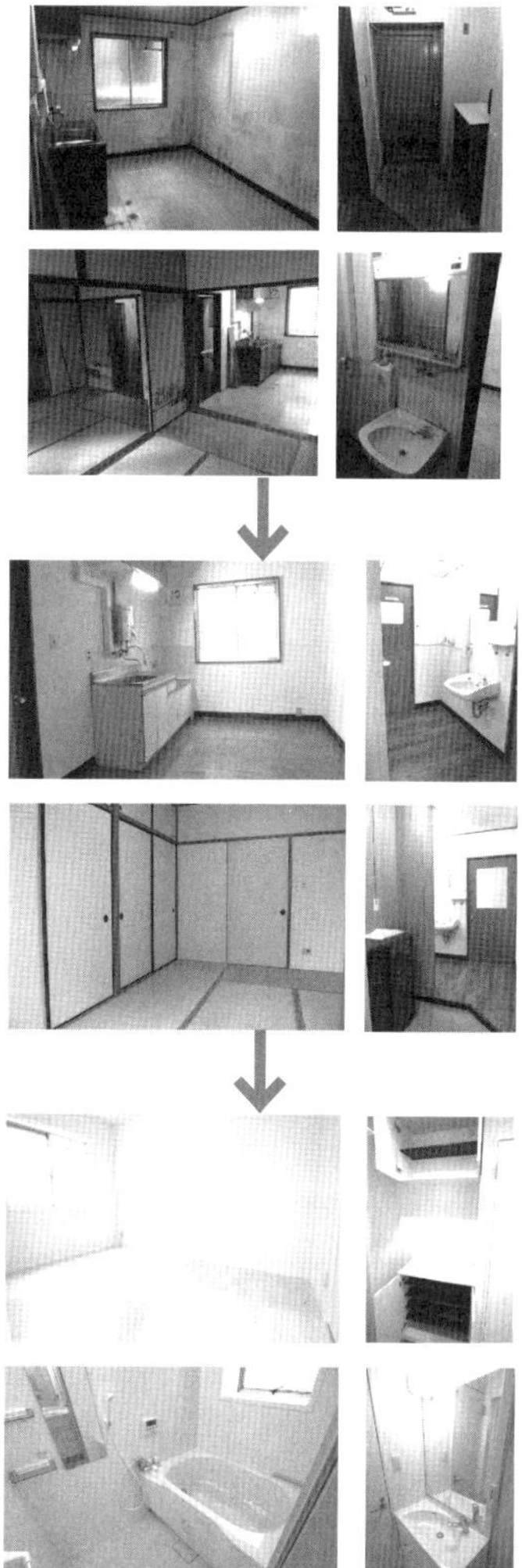

リフォームで以前よりはキレイになったものの昭和感は拭えない。ここまでリノベーションして初めて現代風に。

リフォーム前

リフォーム後

リノベーション後

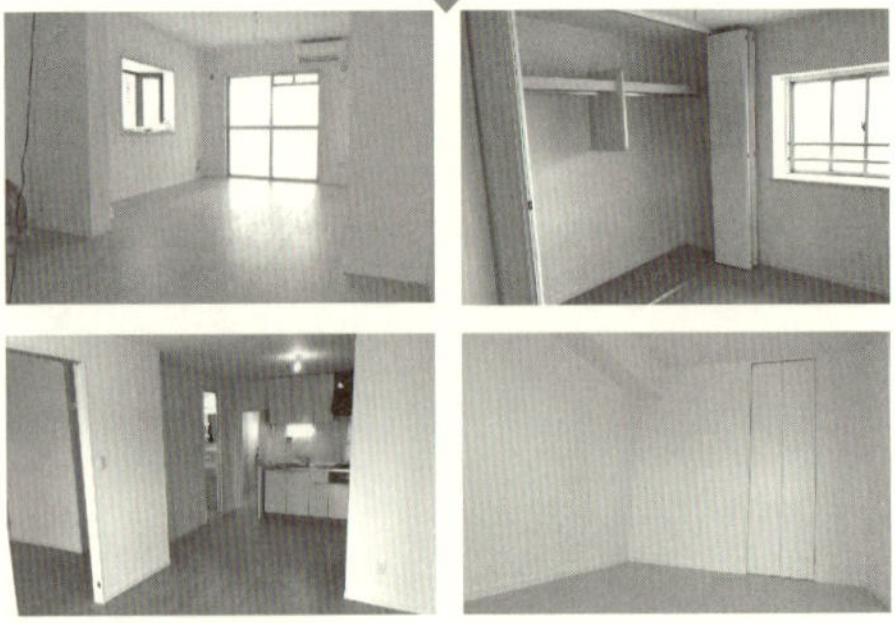

フローリングの部屋は今どきだが和室とのミスマッチ感が拭えない。両方の部屋にマッチするインテリアを探すのは至難の業だろう。

失敗しないためのリノベーション会社の選び方

中途半端なリフォームは空室対策には不適切であることはご理解いただけたでしょうか。実際にリノベーションの成功実例でご紹介したマンションも、以前、中途半端なリフォームをしたようですが、まったく成果が上げられませんでした。しかし、リノベーションしたら、すぐに空室が埋まりました。

成功実例を見て、リノベーションをやってみようと思われた方もいると思います。しかしリノベーションを提案する業者はまだ少ないのが実情です。なぜなら、リノベーションは最近流行り始めた工事手法で、まだ未熟な業界。リフォームと比べると経験豊富な業者が少ないのです。そもそも、リフォームとリノベーションの違いをしっかり理解していない業者すら大勢います。

多額な費用がかかるリノベーションで失敗すれば取り返しのつかない状況に陥ってしまうため、絶対に成功させなければならず、そのためには建設会社選びが非常に重要となってきます。ではどのような会社に頼めばいいのか。チェックリストを作成しましたので、ぜひ参考にしてください。

リノベーションを任せられる業者チェックリスト

- □ リノベーションを多数手がけている
- □ 過去のリノベーション物件は常に入居率は95％以上である
- □ リノベーション物件の家賃保証を行っている
- □ 設計と施工の両方がわかるベテラン設計士がいる
- □ 地元のことに精通していて、賃貸管理もしている
- □ 満室にすることを第一に考えている
- □ 提案書にはメリットだけでなくデメリットも記載されている
- □ 税務や法務など建築以外の知識も豊富である
- □ 顧客のいいなりでなく、プロとしてのアドバイスをしてくれる
- □ 最新の住宅設備やデザインを積極的に取り入れている

私自身の経験からいいますと、リノベーションは建築が好きでないとできません。なぜならリフォームに比べて手間も時間もかかり、しかも高度な技術も経験も必要だからです。だから、ぜひとも情熱を持ってリノベーションに取り組んでいる業者に依頼してほしいと思います。

またリノベーションはリフォームと違い、〝壊す〟作業が入ります。この〝壊す〟というのがくせ者で、リフォームと違って、壁を取っ払ったり、床を開けたりしたところ、思わぬトラブルが潜んでいたということが多々あるのです。設計図通りに壁が壊せなかった、すでにある配管に住宅設備をつなげなくてはならない……。想定外のことが起きるのは日常茶飯事。トラブルに巻き込まれることなく効率的に作業したいと思っている業者には絶対施工できません。

また中には、リノベーション後にどのようなイメージになるのか、そもそも提案すらできない業者もいます。このような業者にリノベーションを発注してしまったらまさに悲惨。リフォームより多額のお金をかけて、入居者のニーズにあわない物件ができてしまうのです。

そうならないためにも、右記のチェックリストを利用して、適切なリノベーション会社を選択しましょう。

【リノベーション施工イメージ】

工事前

内装撤去

内装撤去完了

配管工事

完成

リノベーションは建て替えよりもお得！

多額な費用をかけるなら、いっそ建て替えた方が建物も新しくなるしよいのではないかと思っている大家さんも多いと思います。

しかし、リノベーションはリフォームに比べては費用がかかりますが、建て替えることを考えると工事費は約半分。とてもリーズナブルなのです。

なぜなら建て替えをするとなると、解体費や地盤改良工事、基礎工事といったリノベーションではかからない費用が発生します。また、入居者がいる場合、立ち退きの費用や手間なども負担しなくてはなりません。そもそも一人でも入居者が立ち退きに同意しなければ、建て替えはできないのです。

対して、リノベーションの工事範囲は空室住戸のみ。建物本体はそのまま利用するので、解体工事などの費用は発生しません。また、立ち退きの費用や手間もかからないので、オーナーの心的負担も軽いと思われます。万が一、立ち退きに反対している入居者がいたとしても、リノベーション工事には関係ありません。

さらに建て替え中は家賃収入を得ることはできませんが、リノベーションであれば既存の入居者は住み続けているので、今まで通りの家賃収入が確保できます。以上から、建て替えよりもリノベーションの方が費用対効果が高いといえるでしょう。

さらに、税金面でも短期間で減価償却ができるため、所得税の節税効果が大きいです。リノベーション後の固定資産税評価額は据え置かれるため、建て替えなら、数倍から数十倍アップする建物の固定資産税もそのまま。税制面でもお得なのです。

適切なリノベーションをした後は、賃料を下げずに部屋を満室にできる上、入居してくれるのは自分たちがターゲットとする優良入居者ばかり。まさに一石二鳥、三鳥にもなり得る施策といえるのです。

【建て替えとリノベーションの比較】

建て替え	リノベーション
・解体費が必要 ・立ち退きに手間と費用がかかる ・立ち退きが失敗するリスクがある ・建て替え期間中、家賃収入はなし ・建物の評価額が上がるため固定資産税は増額 ・銀行から借入した場合、ローン返済額も含めると収入減になっているケースも（図：建て替え前後の具体的な計算を参考）	・工事範囲は空室住戸のみ ・建物本体はそのまま利用 ・立ち退きが不要 ・ほかの住戸からは継続して家賃収入を得られる ・短期間で減価償却できるため、所得税の節税効果が大きい ・評価額は据え置きなので固定資産税もそのまま

【建て替え前後の具体的な計算式】

現況：（空室４部屋）
賃料：（20戸）　1,300,000円
65,000円×20戸

ローン返済額
739,239円※

賃料：620,000円UP

↓

建て替え後：（満室）
賃料：（24戸）　1,920,000円
80,000円×24戸

※30年返済　金利2.0％　借入額２億円の場合

空室を埋めるため、月々739,239円返済のローンを組んで建て替え。

家賃は１戸あたり１万５千円アップ、全体では月額62万円の賃料アップとなったが、ローンの返済があるため、実質の利益は約12万円も減っている。

リノベーションに適した物件の条件とは

今までの説明から、リノベーションはリフォームや建て替えでは対応できなかった、さまざまな問題を解決できる手法のように受け取られた方もいると思います。しかし、決してそんなことはありません。当然ですが、すべての物件がリノベーションに適しているわけではないのです。何事もそうですが、リノベーションと建物にも相性があります。ここでは、どのような物件がリノベーションに適しているのか、具体的にご説明します。

そもそも、リノベーションで効果をあげられるのは、次にあげた条件を満たしている物件に限定されます。

『リノベーション』に適している物件の条件

①築年は 25 年以上

②構造は鉄筋コンクリート造または鉄骨造

③各部屋の専有面積が 50㎡以上

④最寄り駅がターミナル駅で徒歩 15 分以内

⑤入居率は 70 パーセント以下

1．築年は25年以上

まずは築25年以上の物件かどうか。築浅の物件の場合、多少の汚れはあったとしても間取りや設備が時代遅れではないことが多いです。対して、築25年以上の物件の場合、ほとんどが間取りや設備が時代にあっていません。そのため築25年以上の物件はリフォームでは対応できないケースが大半で、リノベーションが必要です。

2．構造は鉄筋コンクリート造または鉄骨造

構造は鉄筋コンクリート造または鉄骨造が絶対条件です。というのは、築25年以上の木造は、躯体も耐用年数を超えているので、建て替えるしか方法はありません。逆に、鉄筋コンクリート造または鉄骨造の建物の躯体は50年以上耐えられるため、築25年程度で安易に建て替えてしまうのは費用の面でももったいないです。

3．各部屋の専有面積が50㎡以上

リノベーションは先述の通り、間取りを流行りの間取りに変更できるのが魅力ですが、各部屋の専有面積が50㎡以下の1ＬＤＫやワンルームでは、間取り変更のしようがありません。そのため、リノベーションには不向きです。

4．最寄駅がターミナル駅で徒歩15分以内

リノベーション物件を選ぶのは、通勤に便利で、スーパーや病院なども近くにある生活利便性のよいエリアに割安な家賃で住めることが魅力の一つです。そのため、立地は、ターミナル駅から徒歩15分圏内エリアでなければ、高額なリノベーション費用をかける意味がありません。最寄駅がローカル線であったり、駅からバス便のエリアでは、新築や築浅でもそれなりの家賃で借りられる物件があふれており、そのエリアではリノベーションをしても、わざわざ築25年の物件を選ぶ入居者はいません。

5．入居率は70％以下

入居率は70％以下が望ましいです。といいますのも、70％以上入居が埋まっているような物件でしたらリノベーションしてもそもそもの空室数が少ないため、満室になったとしても現状賃料からの大幅な収益増が望めず、リノベーション費用の元が取れません。

リノベーションのプロセス

リノベーションを成功させるには、次の表のプロセスが不可欠です。まずは現状を把握し、現地・市場調査をした後、リノベーションに適しているかを検討し、適している場合は、リノベーションのプランニングと総事業費を算出し、詳細な事業計画を作成し、それを基に金融機関への資金計画を作成します。金融機関からの融資承諾が得られ、全体の事業計画に無理がないことが確認できましたら、いよいよ工事着手となります。工事が完了した後、入居者募集を行います。物件によってまちまちですが、ご相談から満室経営になるまで一般的に4カ月から半年程度かかります。

それでは、具体的にリノベーションのプロセスについて、見ていきましょう。

【リノベーションのプロセス】

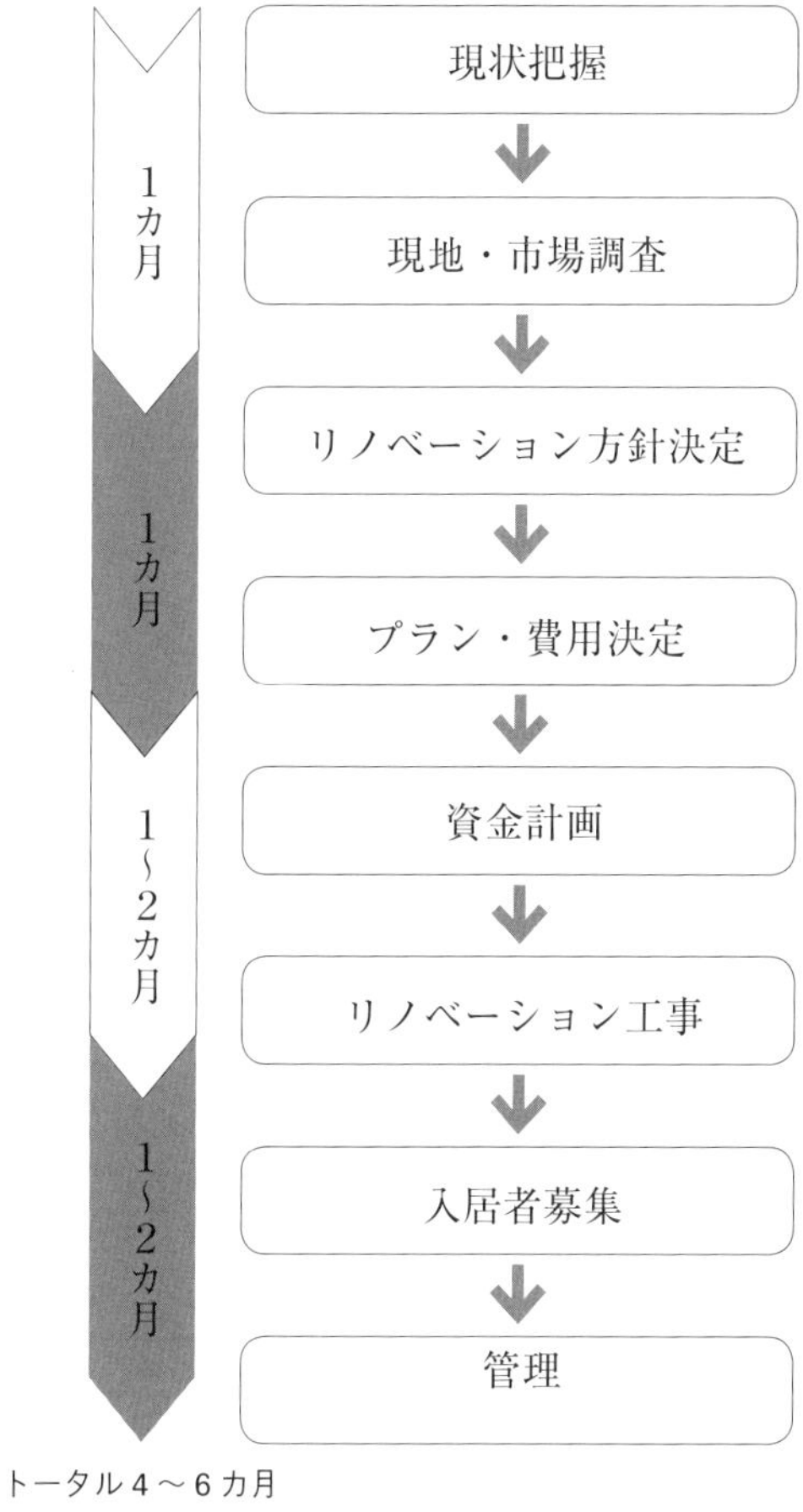

①現状把握

大家さんから次のようなことをお聞きし、現状を把握します。

例

◇賃料状況

・現況月額家賃80万円

・3年間、空室が決まらない。空室が8部屋

・賃料を滞納している入居者はいない

・入居率67％

◇建物状況

・1部屋は通常のリフォーム工事をして募集しているが埋まらない

・築39年だが鉄筋コンクリート造

・部屋の大きさは50㎡、間取りは3DK

◇権利関係

・建物・土地は父親名義

・残返済期間15年、借入金残高1，０００万円
・売却の意向はない

◇家族構成
・父親60代で会社経営、息子40代が家業を継いでいる
・子どもは息子２人、娘１人
・ほかにも父親名義の不動産を多数所有

②現地・市場調査

大家さんからのヒアリングを基に、実際に現地に行き、建物や周辺環境などについて調査を行い、リノベーションに適している物件かどうかを判断します。

例
・建物の主要構造部に亀裂等がなく、傾きもないので、建物の耐久性には問題ない
・雨漏りや給排水管等からの漏水はない
・大規模修繕を行っていないため、損傷している部分はあるが、部品交換や塗装などの修繕工事で改善は可能

・周辺のファミリー物件は軽量鉄骨造が多く、鉄筋コンクリート造が少ない
・ターミナル駅から徒歩10分以内で、学校やスーパーも徒歩圏にあり、生活利便性がよく、ほかの賃貸物件の入居率はいい

③プラン・仕様の決定

現地・市場調査の結果、リノベーションに適している条件を満たしている場合は、この物件に最適な入居者を想定し、その入居者のニーズに適した間取りや住宅設備を考案し、大家さんの意見も加味して、プランと仕様を決めていきます。

例えば、駅から徒歩15分かかるが、近くに公園・保育園・小学校があり、スーパーやドラッグストア・病院等もそろっているエリアであれば、若い夫婦で子どもが小さい共働き家族をターゲットに想定します。間取りはリビングが広い2LDK。キッチンやユニットバスはグレードが高い製品を選び、内装も白をベースにして明るく、清潔感を強調することで、賃料を周辺相場よりも割高に設定します。

4階建てのエレベーターがない物件であれば、4階部分だけ単身者をターゲットに、リビングが15帖ある1LDKにしてもいいのではないでしょうか。

不動産には同じ物件はありません。隣り合った物件でも、築年や構造、間取りが違えば、

まったく違った物件です。

そのためリノベーションは、建築に詳しく、経験が豊富なだけでなく、想像力と独創性を兼ね備えた設計士が必要です。設計士によって、出来上がる間取りがまったく違う点がリノベーションの難しいところです。

また既存建物の構造上の制約があるため、建て替えよりも技術的に難しいといわれています。

ナチュラル風

ヴィンテージ風

若い子連れの夫婦を想定した仕様イメージ

④事業計画作成

プランと仕様が決定したら、総事業費を算出、想定賃料を決め、入居率や満室までの期間、諸費用などを考慮した上で、事業計画を作成します。それを基に自己資金借入額、資金回収期間、投資利回りなどを計算し、金融機関から融資を受けるための資料として資金計画書を作成します。

無理がない資金計画であれば、新築の場合はアパートローン、リフォームの場合はリフォームローンが利用できるため、資金を借りることにそれほど苦労しませんが、リノベーションの場合は状況が違います。

現時点では、大半の金融機関にリノベーションローンという商品はありません。既存のローンで代替しようと思っても、アパートローンは新築（建て替え）にしか利用できず、リフォームローンは限度額が2，000万円程度しかないため、事業費をまかなうことができません。そのため、リノベーションへの融資は事業用融資と同様のプロパー融資扱いとなってしまい、審査に時間もかかりますし、必要資料をそろえるのも一苦労。また、融資を受けられても、築古建物は耐用年数の関係で、新築と比べて融資期間が短いため、月々の返済金額が賃料収入を超えてしまうなど、資金調達が非常に難しいのもネックです。

次項の「工事費負担なしでリノベーションができる」で詳しく説明しますが、解決策として施工後の建物を10年間一括借上することを条件に、リノベーション工事費全額を当社が負担する事業を行っております。しかも10年間は当社が家賃保証もします。

この事業が、資金負担なしでできる空室解消対策として、日経新聞にも取り上げられました。

千葉
老朽化した賃貸マンション
改修費負担し管理
NKコンサル、年内100戸目標
NKコンサルティングの事業の仕組み
改修した賃貸マンション

老朽マンション再生
千葉企業の実力
NKコンサルティング
内装を一新、賃貸で活用

日経新聞にも取り上げられました。

⑤入居募集

リノベーション物件は、入居者募集でも苦労します。新築同然の間取りや仕様で、家賃は新築よりも安いのに、なぜ入居者募集に苦戦するのか疑問かもしれませんが、その原因は部屋探しの方法にあります。

インターネットの普及により、賃貸住宅を探すときは従来のように駅前不動産屋に行くのではなく、希望条件にあう物件をインターネットで検索して、その物件を扱っている不動産会社に事前に問い合わせて予約してから、現地を見るケースが主流になっています。

インターネットの検索では、リノベーション物件は築年数が古い物件と同等に扱われてしまい、新築や築浅の物件を探している人にはヒットしません。また、大半の不動産会社はリノベーション物件を扱ったことがないため、築年数だけで判断して家賃が割高と思ってしまい、来店顧客に勧めないため、案内すらされない状況です。

では、実際に当社が行っている入居者募集をご紹介します。

まず、不動産会社の営業マンにリノベーション物件のよさを知ってもらうため、入居者ではなく、不動産会社の営業マン向けの内覧会を開催しています。内覧会に来場した大半の営業マンはリノベーション物件は新築そっくりで、新築より割安賃料で借りられるお得な物件であることを理解し、その後は積極的に新築物件や築浅物件を探している来店客に勧めてくれます。簡単に書きましたが、忙しい営業マンがわざわざ内覧会に参加してくれるのは、当社社員がマメに地元不動産会社をまわり、人間関係を築いているからです。入居後のイメージがしやすいよう、分譲マンションをマネして、家具やカーテンを設置したモデルルームも設置。また、モデルルームや周辺環境の写真を掲載した専用ホームページも作成しています。

リノベーション物件だけではありませんが、賃貸住宅の価値は管理状況の善し悪しで決まります。共有部が汚い物件は入居率が悪く、トラブルも多いです。反対に管理の行き届いた物件は築年数が古くても常に満室です。エントランスに花を植えただけでも、入居率は上がります。

ちなみに当社では、

・週1回の日常清掃
・月1回の機械を使用した階段・廊下の洗浄
・24時間緊急対応
・入居者への定期的なアンケート

を実施して不満点の改善を行っております。

専用ホームページのアドレスです。ご興味がある方はご覧ください。

http://www.nk-chintai.com/

工事費負担なしでリノベーションができる!?

リノベーションはリフォームより大規模な工事だし、成功するか不安だからできるだけ投資は控えたい。そう思っている大家さんのために、P136でもご紹介した通り、施工後の建物を10年間一括借上することを条件に、リノベーション工事費全額を当社が負担する事業を行っています。これは「賃貸Wサポート」というサービス名称で、「初めてのリノベーションに比較的大きな投資をするのは心配」という大家さんの不安を払拭するために誕生しました。

賃貸Wサポートでは、当社が大家さんからリノベーションした部屋を借り上げ、それを入居者に転貸します。空室が発生した場合でも大家さんには毎月の保証賃料をお支払いするので、大家さんは空室発生の心配は不要。その他、管理業務も当社で一括して請け負うため、入居者募集、更新・契約、集金、建物メンテナンス、クレーム・トラブル対応などの手間も必要ありません。

実例をあげると、あるマンションは24戸中8戸が空室でした。リノベーション前の月額の賃料は104万円。そこから管理料（5％）を引くと、月額収入は98万8千円。年間収入は1185万6千円でした。

その物件は、「賃貸Wサポート」を利用して、10年間の定期借家契約を当社と締結。10戸までのリノベーション工事費（最大3，500万円）を当社で負担しました。

リノベーション後の空室8戸の家賃は、既存の部屋より高い8万円に設定（入居済みの部屋の平均家賃は6万5千円）。そのため、年間賃料は168万円にアップ。その9割が保証賃料となるため、月額賃料は151万2千円。そこから工事費3500万円を10年間で相殺するため月額29万2千円が差し引かれます。8部屋しか空室はありませんが、将来2部屋空室になったときも大家さんの負担が発生しないように10部屋分を相殺しています。その結果、得られる月額収入は122万円。「賃貸Wサポート」前より23万2千円もアップ。年間収入は278万4千円も増えたのです。

これは大家さんの「資金調達が難しい」「高額な工事費の回収の目処が立たない」といった問題を解決するために生まれたシステムで、前述の通り、日経新聞に2回も掲載されました。

「リノベーションはしてみたい！　でも先行投資はちょっと……」とお悩みの方はぜひ

お気軽にお問い合わせください。

オーナー様

賃貸Wサポート利用前	
賃料（16戸）	1,040,000円
管理料（5%）	▲ 52,000円
月額収入	988,000円
年額収入	11,856,000円

年間賃料UP
2,784,000円

自己資金0円

オーナー様

賃貸Wサポート利用後	
想定賃料（24戸）	1,680,000円
保証賃料（90%）	1,512,000円
工事費相殺	▲ 292,000円
保証賃料（月額）	1,220,000円
保証賃料（年間）	14,640,000円

【借上保証条件】
10年間の定期借家契約を弊社と締結（途中解約は原則不可）
10戸までのリノベーション工事費（最大3,500万円）を弊社負担
11戸以上のリノベーション工事費（350万円／戸）は所有者負担

第5章

不動産は天使にも悪魔にもなる

不動産は所有するだけでは儲からない

第5章では、「そもそも不動産とは何か?」について私なりの持論を述べたいと思います。読者の中には、「不動産は所有しているだけで値上がりしてくれる打ち出の小槌」と思っている方もいるでしょう。

しかし、私は断言します。不動産は所有しているだけでは儲かりません。その不動産の長所を見つけ、手間暇かけて、〝儲かる物件に変化させる〟ことが大事です。

確かに、高度成長期には土地は持っているだけでどんどん値上がりする「土地神話」がありました。しかし、平成3年の不動産バブル崩壊以降、何年もの間、不動産価格は下がり続け、遊休不動産は負の資産と扱われるようになりました。そもそも何もせず、ただ不動産を持っているだけで儲かった時代が異常だと思うのです。所有している賃貸物件で儲けたいのなら、大家さんの仕事をしっかり行い、〝儲かる物件に変化させる〟努力を怠らないことです。しかしそういわれても、何をすればいいのかわからないという大家さんもいると思います。そのような方のために、大家さんの仕事について説明します。

ここまでやりたい　大家さんの仕事

①建物管理

まずは当然のことながら、建物管理を行います。建物管理とは、定期清掃、定期巡回、修繕などです。

定期清掃に関しては、P71にて詳しく説明しました。もう一度繰り返しますと、草取りをしたり、共有部分をピカピカに磨いたり、放置自転車を撤去したりなど、建物をキレイにすることです。

定期巡回とは、共有部分の電球が切れていないか、ゴミステーションは汚れていないか、外壁にひびは入っていないかなど、建物に不備がないかを定期的にチェックします。「電球なんて、入居者から連絡が来てから交換すればいいんじゃないの？」と考える方もいると思います。しかし入居者の立場に立って考えてください。いつまでも電球が切れたままの暗い廊下と常に明るい廊下だったら、どちらの物件を選びますか？　答えはいうまでもないでしょう。

修繕については、網戸の張り替えやパッキンの交換、給湯器やエアコンの修理という軽微な修繕工事だけでなく、外壁の塗り替え、屋根やバルコニーの防水工事、シロアリ駆除、防蟻処理などの大規模な修繕工事も定期的に行う必要があります。なぜなら、建物は時間がたてば必ず劣化するからです。修繕をせずに長期間放置していた結果、雨漏りが発生した場合、それを修理するのには通常の防水工事と比べてかなり割高な費用がかかってしまいます。

また、雨漏りは突然発生しますが、起きたらすぐに修繕工事をしなければなりません。その際問題になるのが、修繕工事費の捻出です。予算不足に陥らないためには、事前に中長期修繕計画を立てて、修繕工事費を計画的に積み立てておくのが賢明です。といっても、修繕計画なんて立てられないという方も多いでしょう。そのような場合は、リフォーム会社や建設会社に相談してみてください。修繕計画の立案を手伝ってくれるだけでなく、どうしたら税務上優遇措置を受けられるかなども教えてもらえると思います。修繕計画は何年単位で立ててもかまいませんが、10年単位が一般的です。キレイな賃貸物件もいつかは必ず劣化します。そのときのために今から準備しておかないと、10年後、20年後、突然起きる建物不具合の修繕工事費が払えないという事態に陥ってしまいます。

②入居者募集

入居者募集は大家さんが一番気にしている仕事だと思います。長期間、入居者が見つからないとき、募集条件を見直すのも一つの手です。「冒頭で〝家賃の値下げは効果的でない空室対策〟といっていたじゃないか」と思う方もいるかもしれませんね。

もちろん、入居者が集まらないからといって闇雲に家賃を値下げすることには反対です。しかし物件の相場にあった家賃かどうか、常に見直すことは必要です。

例えば、新築ピカピカのときは家賃8万円だった賃貸物件も、10年もたつと劣化していきます。そうなると本当に家賃8万円は適正なのかと疑問を持ち、適正家賃はいくらなのかを把握しておくことは大切です。

家賃を値下げする以外、敷金・礼金を無料にするのも入居者の初期費用が抑えられて効果的です。礼金とはそもそも物件が少なかった時代に「大家さん、住まわせてくれてありがとう」といって入居者が支払っていたお金。まだ慣例として残している大家さんもいますが、今は賃貸物件過剰供給の時代。礼金という制度自体が時代にあってないのです。大家さんからしてみれば「せっかくもらえるお金をみすみす取りこぼすのはもったいない」という気持ちがあるかもしれません。しかし考えてみてください。敷金・礼金を受け取れるとしても、そもそも空室でしたら、その部屋は1円もお金を生み出しません。空室にして家賃を取りこぼすぐらいなら、敷金・礼金を無料にして、一日でも早く家賃を受け取ったほうが賢明です。同じように初期費用を抑えるために、今はフリーレントを採用している大家さんも増えています。フリーレントとは、最初の1カ月は家賃無料で入居できる制度。こちらも「無料で住まわせるなんて！」と難色を示される方が多いですが、例えば家賃10万円の物件を9万円に値下げするのと、フリーレントで1カ月無料にするのでは、9万円への値下げ（12カ月×9万円＝108万円）より、フリーレント（11カ月×10万円＝110万円）のほうが年間で2万円も得です。

入居者の立場で考えると最初の家賃が1カ月無料というのは大きいです。というのも、住み替えには多額の費用がかかります。引っ越し代はもちろん、新しい家具・家電も買いそろえる必要がありますし、引っ越し前の住居の家賃も支払わなければなりません。ファミリー世帯ならまだしも、単身者でそれだけの金額を一気に用意できる人は少ないです。

そのような限られた予算の中、引っ越し先を探している入居者にとって「敷金・礼金無料」「家賃1カ月無料」という言葉は心に刺さるはず。ほかの物件と迷っていたとしても「こっちにしようかな」という判断材料や決め手になる可能性は高いのです。

また入居者の負担を軽くするためにP77で紹介したような家具付きのモデルルームをつくるのも一つの手です。家具や家電の購入費用が不要になるだけでなく、オシャレな部屋に住めて入居者からしてみれば一石二鳥。「インテリアコーディネートのセンスに自信がない」という方はエアコンを1台多く設置するだけでも違います。エアコンは必要不可欠な家電なものの、引っ越し前の住居からわざわざ持って来る人は少ないです。このような募集条件の見直しだけでも入居者を集めることはできます。

またさらなる入居者ニーズに応えるためにも、近隣物件との比較をぜひ行ってください。徒歩15分圏内にはどのような物件があるのか、ぜひ歩いて探してみましょう。ライバルとなり得る物件を見つけたら、空室率、築年数、人気度などチェックしてみてください。空室かどうかは、集合ポストなどを見ればすぐわかります。家賃や築年数、間取りも今の時代、インターネットで簡単に調べられます。ほかに、不動産会社に直接問い合わせてみて情報収集するのも一つの手です。地域の賃貸物件供給数や家賃の相場、あなたの物件の改善点など親切な担当者なら教えてくれるはず。また不動産会社に行って情報収集するのには、〝印象に残る〟というメリットもあります。不動産会社は、来店したお客様におすすめの物件を紹介します。そのとき、最初に頭に浮かんだ物件が優先的に紹介されます。不動産会社の担当者に紹介される回数が増えれば、入居者も決まりやすくなるでしょう。担当者の印象に残りやすくなるため、足繁く不動産会社を訪れる大家さんは多いです。中にはカップラーメンや栄養ドリンク差し入れする人も。特に築年数が古い物件など、インターネットの検索に引っかかりにくい物件を所有している大家さんにおすすめの対策です。

できれば空室に悩んでいるときだけでなく、満室のときも近隣物件をチェックしてください。今は満室でも、いつ退去者が出るかわかりません。その日のために今から、自身の物件の強みと弱みを把握しておきましょう。そうやって、日々入居者ニーズに応え続けることが、人気物件になるための最大の秘訣です。

③入居者管理

皆さまは入居者の連絡先、家族構成、勤務先などを把握していますか？　中には不動産会社任せで「今自分の物件にどのような人が住んでいるかわからない」という人も少なくありません。その場合、すぐに不動産会社などに問い合わせて、入居者を確認してください。

入居者の職業や勤務先、家族構成などがわかれば、その人が家賃滞納する可能性が高いかなども把握できます。逆にきちんと把握していなければ、気付いたら契約者とは別の人が住んでいたなんてことも。最悪、詐欺師グループや暴力団のアジトとして利用されていたなんてこともまったくないわけではありません。

入居者の近況を把握するといっても、そんなに難しいことではありません。高齢者世帯やファミリー世帯は昼間に家にいるケースも多いので、あいさつに行くなどして様子をうかがいましょう。昼間家にいない単身者などは、身分証明書など書類関係をしっかり保存する、更新のたびに本人だけでなく、保証人の印鑑証明書を出してもらう、転職などした際は書類の再提出を求めるなど、ルールを整えます。そのようなルールをしっかりつくっておけば、万が一家賃滞納されたときも「知らぬ間に転職されていて、給料を差し押さえようと思っても勤務先や連絡先がわからない」といった事態に陥ることはありません。

新規契約のとき、入居審査をするのも一つの手です。昼間、仕事などで忙しいと、つい不動産会社任せになってしまいがちですが、入居前に一度会っておくだけでも大分違います。

現代はコミュニケーションが希薄な時代。特に賃貸物件の場合、お隣さんの顔も知らないというケースは少なくありません。「賃貸物件の人間関係なんてそんなもの」という思い込みが大問題。入居者の情報をしっかり把握して、家賃滞納などのリスクを事前に回避しておきましょう。

④契約管理

契約管理が苦手な大家さんも多いです。新規契約の場合、不動産会社が手続きなどしてくれるのでトラブルは少ないですが、問題なのは契約更新管理。どの入居者が、いつ更新のタイミングか。把握できていない大家さんが結構います。これはもったいないです。しかし、入居者のほうから「更新料を支払います」といってくれるのはまれ。普通、大家さんにいわれて初めて支払います。

大半の賃貸借契約が入居者は更新のときに更新料を支払う契約になっています。もし大家さんが請求しなかったらどうでしょうか。入居者はきっと更新に気付かず更新料を支払わないでしょう。そうなると、大家さんは本来受け取るべき更新料を受け取り損ねてしまうのです。

また、法律上は、更新契約をしなくても、更新料を払わなくても、賃貸借契約は法定更新されて、継続されてしまいますから、更新時期を逃すと後から更新料をもらうのは難しいです。

このような事態を招かないためにも、どの入居者の更新日はいつか、しっかり把握して、更新料を受け取りましょう。

⑤入金管理

嘘のようですが、まれに、大家さんの中には、どの入居者から家賃を受け取ったかを把握できていない人がいます。これは非常に危険です。家賃を滞納されているかどうかわからないので、滞納の督促をしていない可能性が高いのです。

家賃滞納者は、一度家賃を滞納できると知ると、2回目、3回目と繰り返す傾向にあります。すると雪だるま式に滞納金額が増えてしまい、大半の入居者は、そんな大金は払えません。結局、大家さんが滞納金額を免除して、退去してもらうことになります。

家賃は1回でも滞納されると、回収するのは難しいです。なぜなら家賃を滞納する人が、翌月に倍の家賃を支払える可能性は非常に低いからです。

当社で知っている大家さんでも、過去に、家賃を200万円近く滞納された経験がある方がいました。もちろん、「払え」といっても支払えず、大家さんは「仕方がない」と泣き寝入りしたそうです。

⑥管理会社との交流

管理は管理会社に任せていれば安心と建物管理から入居者募集、入居者管理、契約管理、入金管理まですべてを管理会社に任せっぱなしにしている大家さんがとても多いです。しかし、それは非常に危険なことです。

管理会社はあくまで大家さんから委託されて業務を行っていますから、大家さんの了解なしに管理会社の判断だけで行えることはないはずです。しかし大家さんが管理会社にすべてを任せっぱなしで、賃貸経営に関心がないと管理会社が思うと、事前に許可を取らず、さまざまなことをしてしまうケースがあります。

例えば、給湯器の交換やクロスの貼り替え。一見、どちらもいいことに見えますが、明細をしっかり確認しないと相場より高い値段を請求されていることもあります。

原状回復のためクロスの貼り替えをするといっても、壁はともかく、天井まで貼り替える必要があるかは、本来なら大家さんが現地を確認したほうがいいです。できないのであれば、せめて現地写真を送ってもらい、必要があるかどうか確認するくらいはしてください。天井なんて触ることもなければ、歩くこともないため、壁紙のようにすぐ汚れるわけではありません。それなのに「リフォーム会社に勧められたから」という理由だけで、貼り替えてしまう管理会社もあるのです。

管理会社は確かに、管理のプロです。しかし賃貸物件は大家さんのもの。最終責任者は大家さんがする必要があります。管理会社の知識やスキルを上手く使いながら、どうすれば入居者が住みやすい物件にできるか。自ら判断する習慣を付けてください。

⑦資金管理

融資を受けている場合は、金利や繰り上げ返済の条件などを見て、随時融資の借り換えも検討しましょう。もし1億円の借入があるならば、金利が1％低いだけで、年間100万円の金利が削減できます。「お金のことは苦手」という方は、銀行やファイナンシャルプランナーなどのお金のプロにアドバイスを受けるのもいいと思います。

以上が主な大家さんの仕事です。難しそうだな、と感じた方もいるかもしれません。

しかしこれもすべて会社に置き換えて考えてみてください。もしあなたが会社の経営者であれば、社員の顔を知らないはずがありません。入社前には面接して採否を決めるでしょう。入社後も当然、コミュニケーションしますし、給料は決まった期日に振り込みます。人材募集をする際は、募集要項をチェックしたり見直したりするでしょうし、自社のアピールもするでしょう。そう、会社経営と考えれば、どれも行って当然のことばかりなのです。

中には「平日は仕事だし、休日は家族と過ごしたい」などという方もいると思います。そのような場合は、信頼できる代理人（＝不動産会社）に依頼してください。会社の経営者もすべての業務を経営者が行っているわけではありません。営業は営業の担当者、経理は経理部門の担当者、システムはシステム部門の担当者など、それぞれ信頼できる社員や外注先に任せています。

こうやって色々な人の力を借りて、初めて賃貸経営はできるのです。

ただし、すべての責任は経営者である大家さんにあるので、担当者に任せっぱなしにしないで、チェックは怠らず、最終判断は自分でするようにしましょう。

賃貸経営大成功
入居者募集
建物管理
入居者管理
契約管理
入金管理
金利
ローン借り換え
繰り上げ返済
管理会社との交流
資金管理

不動産にも必要なかかりつけのドクター

前項にて「会社の経営者もすべての業務を経営者が行っているわけではない」と書きました。営業や経理、システム部門などそれぞれのプロフェッショナルに仕事を任せることで、事業は運営されています。どの仕事もとても大切ですが、特に大家さんに見つけてもらいたいのが、不動産に関する悩みを何でも相談できる〝かかりつけのドクター〟のような存在です。かかりつけのドクターは、いわば町医者。総合病院の先生のような最新の医療機器を使っての難しい手術はできないかもしれませんが、困ったときにいつでも相談できる。あなたの身体について一番深く理解しているパートナーのような存在です。

不動産に関しても、かかりつけのドクターのような信頼できる相談相手がいると賃貸経営が上手くいくと思います。

この話を聞いて、「自分の周りには、そんな総合的にアドバイスできる不動産のプロはいない」と落ち込まないでください。

かかりつけのドクターは、別に不動産の仲介会社でも、投資会社でも、コンサルタント会社でも何でもかまいません。一番大切なのは、「担当者があなたのことを理解してくれているか」。そして、「長く付き合えるか」です。

賃貸経営は、会社経営同様、廃業するまでずっと続きます。そのため、あなたとともに最後まで歩み続けてくれるパートナーが必要です。人生だって悩んだときや困ったときに、アドバイスしてくれたり、話を聞いてくれたりする人がいると心強いですよね。賃貸経営も同じです。

「パートナー」というと結婚相手同様、ブランドや知名度で選ぼうとする人がいます。しかし必ずしも高年収や高学歴の人と結婚すれば幸せになれるわけではないように、賃貸経営におけるパートナーも、大企業や有名コンサルタントと手を組んだからといって成功するわけではありません。何よりも大切なのは〝相性〟。自分にあっているかどうかです。

この人とだったら長く付き合えそう。そう思った人をパートナーに選ぶことをおすすめします。

目的によって、所有する不動産は異なる

最後に、これから不動産を持つ、または持ちたいと思っている方に伝えたいことがあります。不動産を持つ際は、プラス面、マイナス面の両者を理解した上で、目的にあった不動産を選んでください。

例えば、「とにかく儲けたい！」という理由で不動産を購入したいと思っている方がいます。しかし不動産を所有するだけで価値が上がり、儲かる時代は終わりました。これからは、前述の通り、建物管理や入居者募集、入居者管理、契約管理、入金管理、資金管理など大家さんの仕事を手間暇をかけて行い、入居者に求められる賃貸物件にしなければ、不動産はお金を生み出しません。

また「絶対儲かる」などのキャッチコピーに惹かれて、不動産購入に手を出す人がいますが、世の中「絶対儲かる」ものなんてどこにもありません。実際、女性専用シェアハウス「かぼちゃの馬車」の運営会社も「高利回り」「家賃保証」などと謳い、結局は倒産してしまいました。家賃が保証されず借金を返せないオーナーたちが訴訟を起こしているのはご存じの通りです。

不動産投資にはリスクがつきものです。投資する際は「家賃保証をする会社が倒産したらどうなるのか」「ローン返済ができなかったらどうなるのか」などの質問をして、万が一最悪の事態が起きてしまったときどのくらいのダメージを受けるのか。事前に想定しておき、それでも大丈夫だと思ったら実行するくらいの慎重さが必要です。

また不動産投資をするというのに、実物を見たこともない物件を買ってはいけません。必ず現地に足を運び、自分でも住みたいと思える物件かという目でくまなく確認することが大事です。目利きに自信がない人は不動産鑑定士によい物件か判断してもらうのもいいでしょう。そして、投資する際は、全体の10～20％は自己資金でまかなうようにします。１００％融資の投資なんてあり得ません。それはもはやギャンブルです。

不動産の負の側面も理解した上で「購入する」と決めたら、何のために不動産を所有するのか考えましょう。

目的によって所有すべき不動産は異なります。

例えば、老後の資金のためなら、多少利回りが悪くても、定年退職後でも入居者を集められるような築浅や駅近などの人気物件を購入しましょう。

相続税対策であれば、新築のピカピカの物件を購入する必要はありません。評価額が低く抑えられ、空室リスクが少ない物件なら、築古でも利回りが悪くてもいいというのが本音でしょう。

ほかに高い利回りの賃貸物件を所有している大家さんは、賃貸収入の節税対策として、利回りは低く、減価償却後の賃貸収入が赤字になっても、一等地で資産価値が落ちない築浅物件がおすすめです。

複数の相続人に不動産を相続したいと考えるのであれば、分割できない不動産よりも、都心のタワーマンションを数戸購入するのがいいでしょう。

ステータスとして不動産を持ちたいのなら銀座の商業ビルや丸の内のオフィスビルなど購入してみたらいかがでしょうか。やはり「銀座や丸の内に自社ビルを持っています」なんていったら周囲の見る目も変わりますからね。

不動産はこのように家賃収入を得られたり、税金対策になったり、ステータスにもなりますので、夢が広がる投資です。

しかし目的にあった使い方をしないと、思ったほどの収入が得られなかったり、入居者トラブルに巻き込まれたり、多額の借金を背負うことになったりもします。

そうならないためにも、まず何のために不動産を持ちたいのか、不動産を所有する目的を明確にしましょう。持つ人によって、不動産は天使にも悪魔にもなることを忘れないでください。

第5章　不動産は天使にも悪魔にもなる

おわりに

恩人が教えてくれた人を幸せにする仕事

大学3年の4月、父が46歳で他界しました。

今の私より6歳も若い年齢でこの世を去ったのですから、さぞかし心残りであったと思います。

父は会社経営をしていました。当然ですが、銀行には借金の個人保証をしており、自宅も担保に入っていました。

当時、私はまだ学生で社会経験がなかったため、父が亡くなれば当然自宅の担保も個人保証も外れるものと思っていましたが、現実はそんなに甘くありませんでした。

父の跡を継いで社長になった叔父から、自宅の担保や父の個人保証を外すには、銀行に借金の一部を返済しなければならないことを告げられました。

会社の借金を返済するのですから、当然、会社のお金で返済するものと思っていましたが、叔父の考えはどうやらそうではなかったようでした。叔父から父の生命保険金で返済してほしいといわれたときは、一瞬何をいっているのか理解できませんでした。

父を亡くし、これから家族が生活していくための貴重なお金を銀行に渡すわけにはいかず、困り果てました。

そんなとき、父の親友の田邉弁護士から連絡があり、「一銭も払わないことは難しいが、できるだけ少ない金額で済むように銀行と交渉してみましょう」と心強い言葉をもらったときは、救われたという安堵の気持ちでいっぱいになりました。それから1年以上の銀行との交渉の末、当初提示された金額から大幅に安い金額で解決することができました。

私は大学で金属工学を専攻していたので、同級生の大半は大学院に進学しましたが、当時の私はこれ以上大学に残って学業を続ける気持ちにはなれず、悩んでいました。

そんなとき、田邉弁護士の銀行交渉のおかげで、自宅を手放すこともなく、家族が幸せに暮らせることができる喜びを体験し、自分もいつかこのような仕事ができる人になりたいと思うようになりました。

弁護士になるのは自分には無理でしたが、不動産の問題を解決することで人を幸せにできるのではないかと考え、不動産会社に就職することを決めました。

あれから、28年。売買から建築まで不動産に関係する色々なことを経験してきました。そして、田邉弁護士のように困っている人を助けることが少しはできるようになりました。

本書も、両親から不動産を相続したものの、空室に悩む大家さんの一助になればと思い、私のありったけの思いとノウハウを込めて執筆させていただきました。

執筆に際しては、多くの方々にご支援いただき、誠にありがとうございます。改めて、皆さまにお礼申し上げます。

本書を通じて、一つでも多くの空室が埋まり、満室経営に喜ぶ大家さんが増えますように。皆さまの賃貸経営の成功を心よりお祈りします。

奈良桂樹

奈良桂樹（なら・けいじゅ）

埼玉県熊谷市出身　東北大学工学部卒業。住友不動産に入社。34歳で茨城支店長に抜擢。つくばエクスプレス沿線で建築事業に携わった経験がその後のリノベーション事業で役に立つ。2008年9月、NKコンサルティングを設立する。
NKコンサルティングでは、不動産の売買から建築まで30年にわたる実務経験をもとに、『賃貸Wサポート』という独自のビジネスモデルを展開。物件のリノベーションに借り上げ家賃保証を組みあわせることで、賃貸オーナーの課題解決に取り組む。数多くのリノベーションを手掛け、すべて満室稼働中。NKコンサルティング株式会社代表取締役

成功実例《せいこうじつれい》に基《もと》づいた実践型空室対策《じっせんがたくうしつたいさく》ガイド

大家《おおや》さん!!
あなたのアパートは
もっと稼《かせ》げます

～お荷物不動産《にもつふどうさん》に年収《ねんしゅう》5000万円《まんえん》を稼《かせ》がせる方法《ほうほう》～

2019年4月11日初版第1刷

著　者　奈良桂樹《ならけいじゅ》

発行人　松崎義行
発　行　みらいパブリッシング
〒166-0003 東京都杉並区高円寺南4-26-5YSビル3F
TEL 03-5913-8611　FAX 03-5913-8011
http://miraipub.jp　E-mail：info@miraipub.jp
企画協力　Jディスカヴァー
編集協力　三村真由美
コミック　相澤　亮
ブックデザイン 堀川さゆり

発　売　星雲社
〒112-0005 東京都文京区水道1-3-30
TEL 03-3868-3275　FAX 03-3868-6588
印刷・製本　株式会社上野印刷所

©Keiju Nara 2019 Printed in Japan

ISBN978-4-434-25873-2 C0034